10대가 알아야 할
미래 직업의 이동

전면 개정판

ICT와 인공지능이 만드는 10년 후 직업 이야기

10대가 알아야 할

미래 직업의 이동

전면
개정판

박종서 · 신지나 · 민준홍 지음

한스미디어

코로나 팬데믹이 더욱 앞당긴 새로운 세상 앞에서

우리는 매일 어제와 다른 오늘을 경험하고 있습니다. 바로 우리의 생각을 뛰어넘는 IT의 시대를 살아가기 때문입니다. 부모님의 어린 시절에는 아폴로 11호의 달착륙이 세상을 놀라게 했고, 벽돌만 하던 무선 전화기에서 동영상은 물론 우리의 인생 전체가 담기는 손안의 스마트폰으로 발전해 우리의 삶을 완전히 달라지게 하고 있습니다. 더 나아가 수년 전 알파고의 등장 이후 이제 매일 매일 놀랍게 발전하는 세상에 대한 뉴스가 익숙해질 법도 합니다. 그러나 세상의 변화는 우리를 그저 가만히 두질 않는 것 같습니다.

얼마 전 인류의 우주 역사에 길이 남을 또 다른 놀라운 도전이 성공적인 시작을 알린 바 있습니다. 괴짜 사업가로 알려진 테슬라의 경영자 일론 머스크가 만든 화성 탐사 프로젝트 스페이스X에서 발사한 우주선인 '크루 드래곤'이 두 명의 우주인을 싣고 창공으로 날아간 것을 영상을 통해서 볼 수 있었는데요. 많은 사람이 숨죽이며 지켜보던 가운데 국제 우주 정거장 도킹에 성공했습니다. 이제 최초의 민간 우주 비행 시대의 시작을 지구로 알리게 된 것입니다.

우리는 과거에도 여러 번 우주인의 우주 비행을 본 적이 있습니다. 그렇다면 이번 '민간' 우주 비행에 주목하는 이유는 무엇일까요? 바로 4차 산업혁명을 통해서 과거에는 국가 단위로만 추진할 수 있었던 거대한 우주 프로젝트조차 민간이 기술력과 자본을 갖추기만 하면 도전할 수 있다는 놀라운 발상의 전환을 실제로 보여준 사례이기 때문입니다. 엄청나게 향상된 컴퓨팅 용량과 인공 지능, 빅 데이터의 도움으로 우주 공학의 눈부신 발전이 이루어졌으며, 그 지식이 더는 국가나 일부 기득권층의 정보로 머물지 않고 세상 누구나 접근할 수 있게 된 것입니다.

우스갯소리로 구글을 검색하면 어떤 국가의 기밀 정보도 볼 수 있다는 말이 있습니다. 4차 산업혁명 시대를 사는 우리는 니지털 정보의 민주화로 인해서 스타트업부터 대기업에 이르기까지 정보의 차이가 아닌 정보를 활용하는 '아이디어'와 '관점'이 차별화를 만드는 무한 경쟁의 시대로 진입했음을 실감할 수 있습니다. 이러한 기업 환경의 변화는 우리의 미래 직업 환경에도 큰 변화를 가져다줄 것입니다.

특히, 최근 코로나바이러스감염증-19COVID-19에서 보듯 예기치 못한 감염증 등의 확산으로 우리의 삶은 또 다른 변화를 맞이하고 있습니다. 이제는 사람들이 얼굴을 마주하고 일하고 식사하며 함께하는 대면의 시대에서 '비대면의 시대'로 우리의 의지와는 상관없는 변화를 받아들여야 할 때입니다.

더불어 인공 지능, 블록체인, 클라우드, 빅 데이터Big Data, 사물인터넷IoT 등 낯설었던 용어들이 미디어와 신간 서적을 채우고 있습니다. 심지어 부동산을 거래할 때도 블록체인 기술이 사용되고, 지점이 없는 은행의 등장, 계산원이 없는 편의점이 인기를 얻으며 우리 삶 곳곳에 조용히 자리 잡아 가고 있습니다.

이렇게 우리를 둘러싼 환경이 변화되는 동안 우리 인간의 변화 중 주목할 만한 것은 무엇일까요? 바로 늘어나는 수명입니다. 의료 기술과 다양한 생활 환경의 개선으로 우리 인간의 수명이 100세를 기대하게 된다고 합니다. 그렇다면 우리는 100세까지 회사에 다닐 수 있을까요? 지금은 말도 되지 않는 소리라고 넘길 수 있지만 인류의 수명이 120세도 가능하다는 인구학자들의 분석이 멀게만 느껴지지 않습니다. 특히나 2010년 이후 태어난 '지구인'들의 긴 수명은 우리에게 어떤 과제를 던져 줄지 고민해 보아야 할 시점입니다.

구체적으로 살펴봅시다. 한국인의 기대 수명은 지난 40년간 20년이나 늘었습니다. 이 속도대로라면 지금 10대인 여러분은 분명 100세 시대에 살게 될 것입니다. 얼마 전만 해도 100세를 넘긴 장수 노인들의 삶이 대중매체에서 화젯거리로 소개되곤 했는데, 이제는 그리 놀랍지 않습니다. 고령화 시대가 이미 문턱을 지났음을 새삼 느끼게 됩니다.

장수는 분명 축복해야 할 일이지만, 아무런 준비 없이 오래 살기만 한다면 과연 행복할까요? 평균 수명이 늘어났다는 사실을 아는 데서 그치지 않고, 나에게 100세 시대가 무엇을 의미하는지, 앞으로 남은 80년 이상의 삶을 어떻게 살 것인지 고민해야 하는 이유가 여기에 있습니다. 그러기 위해서는 앞으로의 세상이 어떻게 바뀔지에 관심을 가져야겠죠.

물론 100세 시대라는 말이 와닿지 않을 겁니다. 학교 시험이 코앞에 닥쳐 있고 매일매일 학교, 학원 숙제가 신디미처럼 쌓이는데 먼 미래까지 고민한다는 게 쉬운 일은 아니죠. 하지만 변화의 속도는 상당히 빨라서 '나중에 생각해야지' 하고 미루다 보면 어느새 그 미래가 불쑥 와 버린답니다. 우린 아직 아무런 준비도 하지 못했는데 말이죠.

우리가 인식할 수 있는 변화의 모습은 빙산의 일각입니다. 어느 날 갑자기 정체불명의 인공 지능이 인간과의 바둑 대결에서 승리를 거두어 사회를 충격에 빠뜨렸습니다. 핸들 없이 굴러가는 무인 자동차가 도로에 등장할 날도 머지않았고, 최근에 하늘을 나는 무인 드론이 새로운 이동 수단으로 주목을 받고 있을 정도입니다.

또한 세상에 존재하는 엄청난 양의 데이터를 분석해서 이를 상거래나 기업 활동에 활용하는 빅 데이터 분석도 한창 진행 중입니다. IoT는 사람들의 숫자보다 많이 지구촌 곳곳에 자리 잡고 우리의 움직임 하나하나를 알 수 있을 만큼 생활 속에 깊이 들어와 있습니다. 이외에도 보이지 않는 많은 영역에서 우리 사회를 근본적으로 변화시킬 동력들이 준비되고 있습니다. 예를 들어 이름도 생소한 나노 기술은 원자·분자 및 초분자 정도의 작은 크기 단위에서 물질을 합성하고 조립·제어하며 그 성질을 측정·규명하는 기술인데, 이는 바이오 기술과 결합하여 의약 분야에 큰 발전을 가져올 것으로 기대됩니다.

이러한 환경과 기술의 변화는 다양한 방식으로 우리 삶에 개입할 것입니다. 여러분에게 미치는 영향은 보다 더 광범위하고 심대할 테죠. 특히 직업 선택에 대해서는 말할 것도 없습니다. 한 예로, '평생직장'이라는 말은 말을 타고 서당에 간다는 말처럼 사라질 것입니다. 한 직업을 유지하는 기간은 짧아지고 평생에 걸쳐 갖게 될 직업의 수는 늘어납니다. 그래서 어떤 대학의 무슨 과를 나와 어떤 직업을 가질 것인지를 고민하는 것이 큰 의미가 없을 수 있습니다.

직업을 선택할 때 한번 진로를 정하면 끝을 봐야 한다는 생각은 과거에는 '바람직한 직장인의 자세'로 칭찬받았을지 모르지만, 4차 산업혁명 시대에는 변화에 유연하지 못한 직업관이라고 비추어질 수 있습니다. 앞으로 여러분이 살아갈 미래는 사회 변화에 즉각적으로 대응해서 자신의 역량을 계발하고 발전시키는 유연성이 더욱 요구될 것입니다. 사회와 미래를 큰 그림으로 파악하고 장기적으로 살펴보는 안목이 그래서 중요하죠. 더불어 직업이 요구하는 개인 역량의 수준은 상당히 높고 복잡해질 것입니다.

더 중요한 사실은 사회의 모습 못지않게 여러분의 생각과 삶

의 자세도 지금의 어른들과는 많이 다르다는 것입니다. 미래준
비위원회가 조사한 바에 따르면 우리나라 청소년들이 '사회' 영
역과 '가정' 및 '일터' 영역의 필요성을 동등하게 인식하고 있다
고 합니다. 성장과 발전 일변도의 사회를 살아 낸 이전 세대와
달리 개인의 행복한 삶을 더욱 중시하는 것이죠.

현 사회가 개인의 라이프 스타일을 중시하는 젊은 세대에게
다양한 삶을 영위할 수 있는 시스템을 제대로 제공하지 못하고
있는 것은 안타깝지만, 사회 곳곳에서 긍정적인 신호들이 발견
되고 있는 것도 사실입니다. 대중 매체는 변화의 이야깃거리들
을 열심히 세상으로 흘려보내고 있고 대학도 다양한 학과를 신
설해 새로운 직업 훈련 프로그램을 제공하고 있습니다. 뿐만 아
니라 산업 현장이 변화의 움직임과 소리를 교육 현장으로 전달
하기 시작했습니다. 기업이 대학과 연계하여 실용적 지식을 학
생들에게 전달하는 산학 연계 제도가 마련되어 있기도 하지요.
이렇게 여러분이 세상의 변화를 실감할 수 있도록 생생한 정보
를 제공하고 삶의 방향을 설정하는 데 적극적으로 도움을 주
는 것이야말로 사회 전체가 동참해야 할 일입니다.

다행히도 저를 포함한 이 책의 필자들은 최근 20~30년 동안
변화의 중심에 있었습니다. 그곳에서 현장의 변화를 몸소 체험

하며 방향을 감지할 수 있었습니다. 게다가 ICT정보 통신 기술 현장에서 공부하고 일하면서 다가오는 세대에게 직업의 세계에 대해 조언할 말들을 축적할 수 있었습니다.

이 책을 통해 여러분이 상상할 수 있는 미래는 물론이고 쉽게 생각하지 못했던 모습까지 생생하게 제시하려고 합니다. '미래에는 어떤 직업이 뜨는가'보다 '미래는 어떤 세상이 되는가'를 먼저 이해하고 그 속에서 내가 원하는 일을 찾을 수 있다면 좋겠습니다. 여러분의 삶에 이 책이 자양분이 되기를 희망합니다.

차례

PART 1

'나'를
마주하다

세상의 중심은 나

달라진 세상, 더 달라진 일자리 세상

드론을 타고 등교를 하는 날이 올까요? 화성에서 식물을 재배할 수 있을까요? 다소 엉뚱해 보이는 이 질문들에 새로운 생명력을 불어넣어 준 21세기 사건이 있었지요? 2016년 3월, 바둑 기사 이세돌에 맞서 당당히 승리를 거두는 인공 지능 알파고AlphaGo의 모습은 가히 충격적이었습니다. 이를 시작으로 사람들은 앞으로의 세상이 지금까지 살아온 세상과 많이 다를 거라는 사실을 어렴풋이 깨닫게 되었습니다.

주로 TV나 신문을 통해 접했던 알파고나 전기 자동차 같은 이야기를 5년이 지난 지금은 일상 속에서 어렵지 않게 나눌 수 있게 되었습니다. 심지어 화성을 여행하는 우주선의 발사를 보면서 그 변화가 얼마나 현실적이고 거대한지 더욱 실감하게 될 테고요.

특히 최근 등장하는 인공 지능의 놀라운 발전과 빅 데이터, 클라우드 등 4차 산업혁명을 이끄는 첨단 기술들은 우리 사회의 모든 영역에 영향력을 발휘하면서 산업과 사람들이 일하는 환경을 근본부터 변화시키고 있습니다. 따라서 여러분이 맞이하게 될 직업 세상은 지금 상상하는 것 이상이 될 것입니다. 좀 더 복잡하고 선택에 어려움이 있을 거라는 얘기죠.

여러분 부모님 세대에서는 직업을 선택하는 것이 그리 복잡하지 않았습니다. 20년 전만 해도 좋은 성적이 성공으로 가는 지름길이라는 공식에 거의 예외가 없었죠. 좋은 대학교의 졸업장을 가지고 있으면 취업이 수월했고 높은 연봉도 어느 정도 보장되었습니다. 그때는 지금보다 대학 순위가 훨씬 더 엄격하게 정해져 있었는데, 공부를 잘하는 학생의 입장에서 보면 아주 유리한 상황이지만 반대로 공부에 큰 관심이 없는 학생들에게는 아주 불리한 사회였죠.

상황이 그렇고 보니 대부분의 학생과 학부모는 오로지 학교 성적을 높이는 데만 집중하게 되었습니다. 그렇게 해서 대학에 들어가고 졸업해 취업을 하면 그 직장이 평생 자신의 생계를 책임져 줄 것이라고 믿었습니다. 본인만 원한다면 큰 어려움 없이 가능한 일이기도 했고요.

하지만 여러분이 직업을 갖게 될 10년 후에는 어떨까요? 20대 후반~30대 초반에 취업을 한다고 가정했을 때, 30~40년을 한 직장에서 계속 일할 수 있을까요? 대답은 '아니다'에 가깝습니다. 더구나 100세 시대를 살게 될 여러분의 직업 여정은 더욱 길고 다채로울 것으로 전문가들은 전망합니다. 여러분이 뛰어들어야 할 직업 세계는 과거 혹은 지금과는 완전히 다를 테니까요.

직업 포트폴리오 전략?

세계를 움직이는 50인의 경영 사상가 중 한 명인 찰스 핸디 Charles Handy는 회사의 수명은 줄어드는 데 반해 인간의 수명이 늘어남에 따라 한 개인이 가져야 할 직업의 개수가 늘어닌다고 말합니다. 잠깐 다른 이야기를 해 볼까요? 돈이 많은 사람은 그 돈을 한곳에 전부 투자하지 않습니다. 혹시라도 문제가 생기면 돈을 몽땅 날릴 수 있기 때문이죠. 그래서 여기저기 나누어 투자를 하는데 이를 포트폴리오Portfolio, 즉 분산 투자라고 합니다.

찰스 핸디의 저서 《찰스 핸디의 포트폴리오 인생》에 따르면, 자산 운영에서 쓰이는 포트폴리오의 개념이 직업 선택에도 적용될 것이라고 합니다.

자신이 살아가는 동안 돈을 벌어다 줄 직업, 취미 생활과 관련된 직업, 자투리 시간을 활용할 수 있는 직업처럼 특성에 따라 여러 직업을 나누어 갖게 된다는 것이죠. 취업하지 않고 스스로 사업을 운영하는 자영업의 범위도 확대될 것이고, 사람들과 소통하거나 정보를 나누는 데도 어려움이 별로 없기 때문에 굳이 출퇴근을 하지 않아도 될 것입니다. 그러니 직업은 보다 세분화되고, 거대 조직보다는 소규모 그룹이나 개인이 혼자서 처리할 수 있는 직업들이 많아질 것입니다.

결국 미래에는 하나의 직업을 평생 유지하는 것이 아니라 여러 개의 직업을 시간과 공간을 달리해서 갖게 될 텐데요. 그래서 내가 어떤 일을 좋아하고 잘할 수 있는지를 정확히 파악하고 효과적인 포트폴리오 전략을 짜는 것이 더욱 중요해집니다.

'나'를 경영하기

여러분 중 대다수가 '성공하고 싶다'라고 생각할 것입니다. 그러면 한번 물어볼게요. 어떤 삶이 성공한 삶인가요?

직업 자체도 많은 변화를 겪고 있지만 직업 생활에서 사람들이 추구하는 성공의 기준도 많이 달라졌습니다. 대기업에서 30년 동안 한눈팔지 않고 열심히 일해서 임원이 되었다는 이야기는 이제 그다지 매력적이지 않습니다. 반면 대학을 중도에 그만두고 벤처 기업을 창업해서 세계 굴지의 기업을 만들어 낸 젊은 창업가의 이야기는 사람들의 부러움과 관심을 이끌어 냅니다. 그런 이야기들은 대개 사회가 만들어 놓은 틀에 얽매이지 않고, 자신이 즐기며 할 수 있는 일을 찾아 뜻을 이뤄 낸 성공담을 담고 있기 때문이죠.

먹고사는 문제가 어느 정도 해결되면 사람들은 삶의 만족감을 높이려고 합니다. 행복해지고 싶은 욕구가 더 강해지는 것이죠. 그러니 거대한 조직에 적응하기 위해 자신의 삶을 희생하는 것은 더는 바람직해 보이지 않을 겁니다.

4차 산업혁명의 변화와 늘어난 우리의 수명이 만들어 내는 교집합은 우리에게 새로운 메시지를 던져 줍니다. 하나의 특정한 집단에 소속된 '우리'보다는 연장된 우리의 인생의 시간 속에서 경험하게 될 다양해진 '나만의 삶'에 더 많은 관심을 가져야 한다고 말해 주는 것 같습니다.

여러분 각자의 삶은 각자의 선택으로 만들어지며, 누구의 삶과도 똑같은 모습이 될 수도 없고, 되어서도 안 되는 시대가 펼쳐질 것입니다.

그런 점에서 집단이나 어떤 관계 속에서의 사회적인 내가 아닌 개인 삶의 주체로서의 '나'를 어떻게 경영하는가가 더욱 중요한 과제로 남게 될 것입니다.

'나'를 올바로 알기 위해

'나를 경영한다'라는 이 모호한 숙제를 해결하려면 우선 '나는 누구인가?'에 대한 답을 찾아야 합니다. 이 숙제가 너무 어렵다고, 아니면 어차피 분명한 답이 없다고 미리 짐작하여 포기하지 말기를 바랍니다. 뒤에 나오는 간단한 몇 가지 질문에 답을 하는 것만으로도 자신을 발견하기 위한 첫걸음을 뗄 수 있으니까요.

- 자신이 속한 학교나 어떤 특정 그룹에 잘 적응하는 편인가요?
- 지식이나 정보를 잘 이해하고 빠르게 습득하는 편인가요?
- 사람들과 소통을 잘하고 사람들 속에서 즐거움을 찾고 있나요?
- 얼마나 창의적인가요?

⋮

이런 평범한 질문들에 답을 하다 보면 자연스럽게 몇 가지 단서가 나오고, 그것들을 맞추어 가 보면 나의 모습이 더 선명하게 그려질 것입니다. 물론 이런 자기 발견의 작업, 즉 자아 정체성을 바로 세우는 일은 매우 어려운 일입니다. 심리학자 에릭 에릭슨Erik Erikson은 청소년기가 신체적·정신적으로 자아가 발달하는 시기여서 독립성과 의존성 사이에서 갈등을 하고 전통과 기성세대에 저항해야만 하는 시기라고도 했습니다.

그런데 다행스러운 것은 대부분의 사람이 자아 정체성을 의식하지 않고도 자기 나름대로의 기준으로 행동하고 있다는 점입니다. 일상 속 기준들이 내가 누구인지를 말해 주고 있다는 거죠. 예를 들어 '친구들과 뭔가 궁리를 할 때 나서서 아이디어를 내는 쪽은 늘 나였네?' 하면 나는 상대적으로 창의적인 사람에 속하는 겁니다. 어떤 틀에 놓고 나를 평가하지는 않았지만 일상생활 속 행동에서 나는 누구인가에 대한 여러 가지 단서를 찾을 수 있다는 것입니다.

내가 나를 발견하는 데는 생각보다 복잡한 작업이 필요하지 않을지 모릅니다. 그저 자신에 대해 진지하게 고민하고 생각하는 시간을 가져 보는 것부터 시작해 볼까요? 생각에도 인내가 필요하죠. 불편하고 힘든 생각이라도 붙들고 늘어지다 보면 지금까지 전혀 생각하지 못했던 것들이 보이기 시작할 것입니다.

'나'를 알아 가는 과정의 맨 밑바닥에는 자신의 가치에 대한 존중을 놓아두어야 합니다. 나를 사랑하지 않고서는 올바른 나를 발견할 수 없습니다. 자신이 얼마나 능력 있는 사람인지를 판단할 때 오늘의 사회가 정한 룰에 따라 판단하는 것을 주의해야 합니다.

다시 말해 자신을 평가할 때 학교 성적에 많이 의존하지 말기를 바랍니다. 성적은 지적인 학습 능력을 판단하는, 개인 역량의 극히 일부분에 해당하는 것입니다. 학교에서 습득하는 지식들이 앞으로의 일과 생활 영역에서 필요한 것이기는 하지만 더 다양하고 긍정적인 시각으로 미래 사회가 요구하는 역량이 무엇인지 파악해야 합니다. 그러고 나서 그러한 역량들을 내가 얼마나 가지고 있는지 판단하면 됩니다.

여기서 무엇보다 중요한 것은 자신에 대한 건강한 시선을 유지하는 것입니다. 자신감, 즉 할 수 있다는 믿음은 그 자체로서 아름답습니다. 여러분은 아직 사회에 첫발도 떼지 않았습니다. 자신의 가능성을 의심할 이유도 근거도 없다는 것이죠.

세상의 중심에 있는 나

미국 인터넷 쇼핑몰 아마존Amazon의 창업자인 제프 베조스 Jeffrey Bezos는 어려서부터 우주 개발을 꿈꿨다고 합니다. 사람들은 아마존의 성공에 부러움의 눈길을 보내지만 그는 지금의 성공에 안주하지 않습니다. 아마존의 성공을 바탕으로 언젠가는 우주에 인간이 살게 하겠다는 궁극의 목표가 있기 때문입니다. 이미 민간 우주 개발 업체인 블루오리진Blue Origin을 설립했고 탄탄한 자본력을 바탕으로 꿈을 이루기 위한 준비를 차근차근 해나가고 있습니다.

놀랍게도 이런 꿈을 꾼 또 다른 기업가 일론 머스크에 의해서 첫 민간 우주선이 발사되기는 했지만, 선의의 경쟁을 통해서 미래의 우주 산업에 발전을 이끌어 낼 것이라는 점은 더 분명해진 것 같습니다. 세계 최고 주식 부자로 몇 년째 자리를 유지하는 제프 베조스도 대학에 들어가 이론물리학을 전공하려 했다가 컴퓨터 공학에 미래가 있다고 판단하여 뒤늦게 전공을 바꾸기도 했습니다. 시행착오를 겪으며, 잘못된 부분은 수정해 가며 자신의 뜻을 이뤄 나간 것이죠.

여러분은 지금 미래로 향하는 자동차를 타고 있습니다. 그 자동차의 핸들은 여러분이 잡고 있고요. 방향을 바꾸는 일도 속도를 내는 일도 목적지를 정하는 일도 모두 여러분 스스로 판단해야 합니다.

우리는 가끔 내가 세상의 중심에 있다는 것을 쉽게 잊어버립니다. 세상의 중심에 있다는 것은 내가 주체적으로 생각하고 도전하고 또 결과도 받아들일 수 있는 성숙함을 의미합니다. 아침에 일어나 '나는 세상의 중심에 서 있다'라고 조용히 되새겨 보세요. 내가 누구인지, 해결해야 할 문제의 답이 무엇인지, 나는 어디로 가고 있는지 좀 더 또렷하게 보일 것입니다.

나를 발견하는 시간:
이력서·자기소개서 써 보기

새로운 세상, 새로운 능력

4차 산업혁명의 시대라고 하지요? 그렇다면 최초의 산업혁명은 어떤 모습이었을까요? 한 줄로 설명하면, 가정에서 조금씩 물건을 만들어 시장에 내다 팔던 시기를 지나 기관차와 전기 등의 도입으로 공장에서 대량으로 물건을 생산하게 되면서 산업혁명이 시작되었습니다. 초기 산업 시대에는 단순한 작업들이 대부분이다 보니 그런 일을 하는 데 필요한 역량 또한 단순하고 분명했습니다. 자기가 맡은 일을 성실히 해낼 수 있는

근면성, 생산과 관련된 약간의 지식, 큰 무리 없이 공동 작업을 할 수 있는 협업 능력 정도가 필요했을 겁니다. 그런데 세상이 달라져 미래 사회는 보다 복잡하고 기존에 생각하지 못했던 다양한 역량을 요구하고 있습니다.

한 가지 사례를 들어 봅시다. 미국 캘리포니아주에는 미국 딸기 생산량의 30%를 차지하는 옥스나드Oxnard라는 마을이 있습니다. 딸기 수확철이면 일손이 모자랄 정도로 엄청난 양의 딸기가 생산되는 곳이죠. 이 농장에는 애그로봇Agrobot이라는 스페인 회사가 만든 딸기 수확 로봇이 일을 하고 있습니다. 주로 야간에 작업을 하면서 잘 익은 딸기만 골라 수확을 한다고 합니다. 그래서인지 최근 채용 공고도 남다릅니다. 응시 자격 요건이 기계공학 전공자였다고 하는데, 매우 흥미롭지 않나요? 딸기 농사를 지어 본 경험이 있거나 농업에 관심 있는 사람이 아니라 대학에서 공학을 전공한 사람을 뽑는다는 말이지요. 이제 딸기 농장에서조차 공학 전공자가 우대받는 세상이 된 것입니다. 새로운 기술을 잘 알고 관련된 기계를 다룰 수 있는 능력은 앞으로 더욱 필요해질 겁니다.

데이터들의 보물단지, 빅 데이터 세상이 이미 펼쳐지고 있습니다. 빅 데이터는 기업이나 공공 기관이 보유하고 있는 방대한 양의 데이터를 분석하고 이를 계량화하여 의미 있는 결과를 도출해 내는 작업입니다. 이때 다루어지는 데이터의 양과 분석의 깊이를 감안하면, 빅 데이터 영역에서 요구하는 역량은 수학 성적이나 통계 분석 도구를 사용하는 능력보다 훨씬 더 큰 무엇이 될 것입니다.

방대한 데이터를 짧은 시간에 분석하여 의미 있는 메시지를 얻어 내는 빅 데이터 분석에는 고도로 훈련된 능력이 필요합니다. 논리적 사고 능력, 겉으로 보이는 현상의 배경을 이해하고 구조화하는 능력, 문제를 해결하는 도구를 다룰 줄 아는 능력 등이지요. 심지어 문제 해결 역량을 넘어 문제를 만들어 낼 수 있는 능력이 더 중요해질 것이라고 주장하는 학자도 있습니다.

직업이 사라진다! 해답은 실행

직업의 소멸을 생각해 본 적이 있나요? 미래 직업 세상의 변화는 단지 요구되는 역량이 달라지는 데 그치지 않을 것으로 보입니다. 현재 여러분이 알고 있는 직업 중 상당수가 20년 내에 사라질 수 있다고 합니다. 단순한 예로 무인 자동치기 널리

퍼지면 택시 운전사라는 직업은 서서히 없어질 겁니다. 영국 옥스퍼드 대학교의 마이클 오스본Michael Osborne 교수는 현존하는 700개 직업군 중 절반이 점차 사라질 것이라고 합니다. 단순직이 가장 먼저 없어지겠지만 전문직도 안전하지 않다고 해요. 회계사는 94%, 경제학자는 43%, 판사는 40%, 배우마저 37%의 확률로 사라지게 될 거라 합니다.

물론 새롭게 등장할 직업도 있습니다. 다만, 그 직업들이 새로운 역량을 요구하므로 우리가 준비해야 할 일이 많아진다는 점이 문제지요. 더 큰 문제는 이러한 변화가 예측 가능한 것이 아니어서 우리 삶의 불확실성이 커진다는 데 있습니다.

이러한 불확실성에 대처하는 가장 효과적인 방법은 실행하는 것입니다. 변화의 물결이 거셀수록 그에 대처하는 방법은 보다 구체적이고 단계적이어야 하며 실행에 기반을 두고 있어야 합니다. 청소년기는 생각이 많은 시기입니다. 자신과 주변 환경에 대해서 정리되지 않은 많은 생각을 할 것입니다. 자칫하면 체계적이지 않은 생각들로 낭비한 시간들을 훗날 아쉬워할 수도 있고요. 미래가 불확실하다는 핑계로 생각한 것들을 행동으로 옮기는 데 주저하는 일도 적지 않을 것입니다.

OECD에서 12가지 분야의 전문가 의견을 수렴해서 정리해 보니, 다가올 미래 사회에 가장 필요한 핵심 조건에 '자율적 행동 역량'이 포함되었다고 합니다. 자신의 생애를 주도적으로 계획하고 관리하며 책임이나 권익에 대해 올바르게 깨닫고 있어야 미래 사회에 효과적으로 대응할 수 있다는 것입니다.

나만의 자기소개서

자율적 행동 역량이라니, 좀 어렵게 들릴지 모릅니다. 뭔가를 거창하게 시도하려고 하기보다 지금 해 볼 수 있는 것부터 차근차근 시작해 보면 됩니다. 내 삶을 주도적으로 계획하기 위해 무엇을 하면 좋을까요?

가상의 미래를 상상하고 취업용 자기소개서를 써 봅시다. 잘 알고 있듯이 자기소개서는 입학이나 취직을 할 때 자신을 효과적으로 표현하고 설명하여 상대방으로 하여금 자신을 선택할 수 있도록 호소하는 글입니다. 그런 자기소개서를 미래의 어떤 시점에 특정한 직업에 지원하는 상황을 가상으로 설정하여 미리 써 보는 겁니다. 가장 효과적이고 적극적으로 나의 장점을 알릴 수 있는 자기소개서를 말입니다.

우선 미래의 비전을 생각해 봅시다. 어떤 일을 하면서 살고 싶은지 구체적으로 떠올려 보는 것입니다. 단순히 어떤 직업을 갖겠다는 것이 아니라 그 직업을 통해서 실현하고 싶은 나만의 가치를 찾는 것이죠. 예를 들어 음악 치료, 미술 치료 등을 수행하는 테라피스트가 되고 싶다면 아픔과 고통을 직접 치료할 것인지 아니면 새롭고 효과적인 치료 방법을 개발하여 해당 산업의 발전에 기여할 것인지 등을 생각해 보아야 합니다.

비전을 설정했다면 그다음으로 구체적인 목표를 세웁니다. 단순히 좋은 상급 학교에 진학하는 것이 아니라 미래의 비전을 달성하기 위해 도달해야 할 목표를 단계적으로 설정해 보는 것입니다. 목표를 달성하기 위해 필요한 역량을 자신이 얼마나 보유하고 있는지 돌아보는 과정도 중요합니다. 앞서 소개한 빅 데이터 분석가가 되려면 우리 사회에서 일어나고 있는 여러 현상에 대한 호기심과 관심이 있어야 하는데, 내가 그처럼 현상을 파악하는 데 적극적인지 자문해 보면 도움이 됩니다.

이제 자기소개서의 첫 문단을 작성해 봅시다. 해당 목표를 설정하게 된 이유와 그것을 달성함으로써 얻고자 하는 것이 무엇인지 등에 관해 정리하는 거죠. 그리고 나서 그 목표를 달성하기 위해 내가 해야 할 일을 적어 보는 것입니다. 미래를 가정하는 것이므로 '해야 하는 일'을 '내가 이룬 일'로 정리하면 됩니다. 대학에서 무엇을 전공했고 재학 중 어떤 활동을 했으며 방학 동안에는 어떤 경험을 쌓았는지 등을 이루어진 일처럼 적어 나가다 보면, 어떤 과정을 거쳐야 목표에 도달할 수 있는지 분명하게 드러날 것입니다. 활동 내역을 자세하게 쓸수록 실행 가능성은 더 커지겠죠? 관련 분야의 역량을 높이기 위해 학교 외에서 어떤 노력을 해야 하는지도 생각해 보세요.

미래가 불확실할수록 개인은 실행을 중심으로 대비해야 합니다. 자신에 대한 흔들리지 않는 믿음과 이해는 기본이고요. 미래 시점에서 자기소개서를 쓰면서 자신을 발견하고 나아가야 할 방향에 대한 해답을 찾아보길 바랍니다.

자기소개서 작성 시작하기	
나의 목표	
목표 설정 이유	
목표를 위해 내가 이룬 일 (해야 할 일)	· · · · · ·

생각의 힘:
보일 때까지 생각하라

생각하기

두 사람이 마주 보고 눈싸움을 하고 있습니다. 주변에서는 친구들이 시계를 보며 카운트다운을 하고요. 한참을 버텼지만 먼저 눈을 깜빡인 한 친구가 허탈하게 고개를 떨구고는 시린 눈을 마구 비비고 있습니다.

이런 눈싸움, 모두 해 본 적 있죠? 눈을 깜빡이지 않으려고 안간힘을 쓰는 찰나, 자신도 모르게 눈을 깜빡였을 때의 그 허무함과 당혹스러움. 한 번쯤 경험해 보았을 겁니다. 그런데 이 눈싸움보다 더 어려운 것 중 하나가 혼자 하는 '생각하기'입니다.

눈싸움 도중에 어느새 지쳐 버리는 것처럼, 이 생각하기는 시작과 동시에 온갖 잡념과 느닷없이 간지러운 코 등의 이유로 곧잘 중단되기 일쑤입니다. '의자에 앉아 있는 시간만큼 생각의 힘이 늘어난다'라는 어느 의자 광고를 보고 갸우뚱한 적이 있습니다. 정말 그럴까요? 그런 마법 같은 일이 일어나기는 할까요? 바쁜 일상을 사는 우리에게는 생각하는 일이 눈싸움만큼이나 어려워지고 있습니다. 어른들도 마찬가지지만 특히 여러분 같은 학생에게는 더욱 어려운 일이죠. 사회와 어른들이 생각하는 방법을 가르쳐 주거나 생각할 여유를 주지 않고 그 대신 빡빡한 학교·학원 스케줄과 주입식 교육을 전하는데 어떻게 스스로 생각할 수 있겠어요.

생각에도 힘이 있다

그렇다면 '생각하기'에는 어떤 힘이 있는 걸까요? 유학이 흔해진 요즘, 미국의 초등학교 교실에서 재미있는 일이 벌어집니다. 처음 유학길에 오른 우리나라 초등학교 조기 유학생들은 한국에서 잘 훈련된 수학 실력으로 심심치 않게 '수학 천재'라는 별명을 얻게 된다고 합니다. 각종 학습지며 학원 수업에서 습득한 셈하기 능력이 십분 발휘되는 것이죠.

그런데 이렇게 천재라 불리는 우수한 한국 아이들이 서로 이야기를 나누며 의견을 전달하고 합의된 결론에 도달하는 교육은 충분히 받지 못해서, 미국에서의 일상적인 토론 수업에서는 맥을 못 춘다고 합니다. 자기의 생각을 논리 정연하게 말하여 듣는 사람들로 하여금 동의하도록 하는 것이 토론 수업의 핵심인데 우리나라 학생들은 얘기할 콘텐츠를 가지고 있지 않기 때문이죠. 물론 영어라는 언어적인 한계도 있겠지만 가장 큰 이유는 생각하는 데 익숙하지 않아서입니다.

이야기는 생각에서 만들어지는 것입니다. 생각의 힘이 얼마나 대단한 것인지, 어떻게 생각이 우리의 행동을 지배하는지를 알아본 실험이 있습니다.

1979년 미국의 하버드 대학교에서 70대 노인 8명에게 두 가지 조건을 제시했답니다.

첫째로 20년 전, 그러니까 1959년으로 생각의 시계를 돌려서 서로서로 그 당시를 현재처럼 이야기하면서 생활을 하라는 것입니다. 가령 하와이가 이제 미국의 새로운 주로 편입된 상황에 대해 "어이, 이제 하와이도 미국 땅이 되었다네. 올겨울 크리스마스 휴가 때는 모두 모여 하와이 여행을 하세", 이렇게 이야기를 나누며 하루하루의 일상을 보내라는 것이죠. 젊은 시절의 기억들을 더듬어 당시의 상황을 떠올리고 그것을 마치 현재 진행형인 것처럼 생각하도록 한 것입니다.

두 번째 조건은 설거지나 집 안 청소, 정원 가꾸기 등 일상적인 일들을 스스로 하도록 요구했다고 합니다. 이에 대해 노인들은 비록 사소한 일이지만 그런 일들을 감당할 만큼 건강하지 않다며 불가능할 것이라고 단정한 채 실험에 임했다고 합니다.

그런데 놀라운 일이 벌어졌습니다. 실험을 시작하고 하루 이틀이 지나면서 노인들은 힘들어서 못 하겠다고 했던 일들을 콧노래를 부르며 조금씩 해 나가기 시작하더랍니다. 일주일이 지나자 시력, 청력, 기억력, 지능, 악력 등 노인들의 건강 상태를 나타내는 지표들이 50대 수준으로 돌아갔습니다. 특별한 약물 치료를 한 것도 아니고 건강해지는 운동을 한 것도 아닌, 그저 생각의 시계를 과거로 돌려놓고 그렇게 생각하고 이야기한 것뿐인데 말입니다.

생각이 몸의 변화도 만들어 낸다니 얼마나 놀라운 일인가요? 이것이 생각의 힘입니다.

내 인생에 답하기 위해

공부를 잘하는 것은 여러분이 지상 과제로 삼아야 할 일일지 모릅니다. 자, 그런데 공부를 잘하면 무엇이 좋을까요? 공부를 잘해서 좋은 직장에 들어가 돈을 많이 버는 것은 아주 좋은 일인가요? 만약 그렇게 선택한 직업이 자신의 적성에 맞지 않는다면, 우린 다시 어려운 수험 과정을 거쳐서 새로운 대학, 새로운 직장이라는 그 길고 험난한 과정을 반복해야 합니다. 그럴 수 있을까요?

우리의 수명이 길어져서 할 수 있는, 혹은 해야 할 일들이 늘어난다고 해도 대학을 또다시 다니거나, 어렵게 취득한 자격증을 버리고 새로운 일을 시작하는 일이 그다지 만만한 것은 아닙니다. 결국은 한 번의 준비를 얼마나 깊이 있게 생각한 후에 시작하는가가 미래의 행복한 삶에 큰 영향을 미칠 수 있다는 의미입니다.

부자든 가난한 사람이든, 키가 크든 작든, 누구나 우리에게 주어진 공평한 기회, 즉 한 번의 삶과 그에 따르는 시련, 도전을 맞게 됩니다. 인생의 출발점에 있는 여러분은 어떤 삶을 살 것인지, 살면서 이 지구에 혹은 자신과 함께 살아가는 사람들에

10대가 알아야 할 미래 직업의 이동

게 어떤 도움을 줄 것인지 스스로에게 물어보아야 합니다. 이러한 본질적인 질문에 답하기 위해 끊임없이 생각하고 또 생각해 보아야 합니다.

생각하고 또 생각하고

물어보겠습니다. 여러분은 자신이 앞으로 100여 년간 살아가야 할 인생에 대해, 오로지 이 주제에 대해 1시간이라도 시간을 내어 생각해 본 적이 있나요? 어떤 삶을 살고 싶다고, 책상에 앉아 마음속의 소리들을 글로 적어 본 적이 있나요? 거창한 꿈이 아니라 자신이 인생에서 꼭 지키고 싶은 것이 무엇인지 정리하고, 그것을 위해 어떤 준비를 해야 하는지 구체적으로 생각해 본 적이 있나요?

스페인의 바르셀로나를 방문하면 빠짐없이 들러야 한다는 곳이 있습니다. 바로 고인이 되었지만 바르셀로나의 상징을 남긴 건축가 가우디Gaudí의 사그라다 파밀리아Sagrada Familia 성당입니다. 관광객들은 건축물에 녹아든 경이로운 기술과 엄청난 규모, 성당 내외부를 장식하고 있는 수많은 예술적 조각상에 반해 넋을

잃게 됩니다. 이 기적 같은 작업이 설계자인 가우디가 죽고서도 100년이 되어 가는 지금까지 이어지고 있습니다. 어떻게 이러한 일이 가능한 걸까요? 그것은 가우디가 사그라다 파밀리아 성당을 짓는 과업을 자신의 인생 말기 최대의 숙명으로 받아들이고 건축 현장에서 숙식까지 하면서 자신이 꿈꾸는 성당에 대해 거듭 생각하며 그 결과물을 설계도에 담았기 때문입니다.

'죽음 연습: 무덤 예식'이라 불리는 자아 발견 프로그램이 있습니다. 이 프로그램은 자신이 곧 죽는다는 가정하에 남겨진 사람들에게 유서를 쓰게 하고, 살아 있는 동안 감사를 전하지 못했던 사람들에게 마지막 편지를 쓰게 하기도 합니다. 그동안 자신이 어떤 소중한 것을 잃고 살았는지, 정리되지 않은 일을 남기며 살고 있지는 않은지 되돌아보게 하는 것입니다.

다소 형식적이고 인위적이라는 느낌이 있지만 우리에게 주는 교훈이 있는 것 같습니다. 살아온 삶에 대한 반성과 후회가 아니라, 급하게 앞만 보고 달리는 삶에서 멈추어 서서 정말 가치 있는 것이 무엇인지 진지하게 '생각'할 수 있는 시간을 준다는 것이지요.

생각하지 않으면 행동할 수 없습니다. 어디로 가야 할지 방향을 정할 수 없기 때문이지요. 행동의 방향이 정해지지 않으면 우리는 넘쳐 나는 삶의 에너지를 헛되이 낭비해서 우리가 원하는 행복에 가까이 가기도 전에 삶을 방전해 버리고 말 수 있습니다. 그래서 자신의 삶에 대해 생각하고 또 생각해 보아야 하는 것입니다.

경험이 적성을 만든다

민찬이의 드론

드론Drone이 뜨고 있습니다. 잘 알고 있는 것처럼 드론은 운전자가 타고 있지 않지만 무선 조종으로 하늘을 나는 소형 비행체입니다. 세계 최대의 온라인 유통 업체인 아마존은 처음으로 사람이 아닌 드론을 이용해서 상품 배송을 하겠다고 발표했습니다. 그 후로 기술이 점차 발전하여 사람을 운반하는 하늘을 나는 이동체로 드론의 시험 비행이 활발하게 이루어지고 있습니다. 드론의 이용과 관련한 여러 가지 쟁점이 있었음에도 불구하고 이제 드론은 우리 사회를 바꿀 주요한 미래 기기 중 하나로 자리매김하고 있습니다.

드론은 우선 조작하기 쉽고, 여러 분야에서 그 쓰임새가 다양하며 운용비가 많이 들지 않는다고 합니다. 무엇보다 현재까지의 기술로는 접근이 어려웠던 분야에서 안전하게 작업을 수행할 수 있다는 장점이 있어 지속적으로 활용 영역을 넓혀 갈 것으로 보입니다. 드론은 국방 분야에서 무인 정찰기의 역할을 훌륭하게 수행해 내고 있습니다. 그 밖에도 자연 보존 영농 작업, 건설 작업, 방송 분야 등 헤아릴 수 없이 많은 분야에서 활용되고 있습니다.

예를 들어 화산 폭발이나 화재 현장 등 사람이 접근하기 힘든 상황을 대처하기 위해서 드론 카메라를 투입하기도 합니다. 인명 피해도 줄이고, 실시간으로 현장의 상황이 관제실로 전송되어 더욱 체계적인 대응을 가능하게 도와주고 있습니다. 몇 가지 관련 법 제도의 문제가 해결된다면 활용 분야는 더욱 빠르게 늘어날 것입니다.

여기서 이 드론이 실생활에서 유용하게 이용되고 있을 뿐 아니라 이제는 '드론 레이싱'이라는 이름을 달고 스포츠의 한 분야를 새롭게 만들어 가고 있다는 사실이 더욱 흥미롭습니다.

드론 레이싱은 자동차 경주와 같이 드론을 조종해서 여러 모양으로 배열된 장애물을 통과해 결승점에 도달하는 경기입니다.

드론 애호가가 많아지면서 세계적인 대회가 열리기도 했는데요. 2016년 당시 초등학교 6학년이던 김민찬 군이 두바이에서 열린 드론 레이싱 경기 '월드 드론 프릭스'의 프리 스타일 부문에서 우승해 세계를 놀라게 한 적이 있습니다. 이어 국제 드론 스포츠 대회에서도 우승했고 현재까지 드론 스포츠 강자로 실력을 유감없이 발휘하고 있습니다. 김 군은 두 살 때 아빠의 취미 생활을 따라 무선 조종 헬기를 다루는 데 특별한 재능을 보였다고 합니다. 다섯 살이 되자 무선 헬기 대회에 출전하여 상을 타기 시작했답니다. 이후 드론으로 기기를 바꾸었는데 시작한 지 2개월 만에 세계 대회에서 우승했습니다.

이와 같이 이른 시기의 경험이 그 분야의 대가를 만들어 낸 사례는 예술이나 스포츠 분야에서 종종 찾아볼 수 있습니다.

헷갈리는 진로 선택

그럼 여기서 잠시 대다수 학생이 직업을 선택하는 과정을 한번 들여다보겠습니다. 현재의 교육 체계와 연결된 직업 선택 과정은 '선학습 후선택' 모델이라고 할 수 있습니다. 즉, 먼저 열심히 공부해서 일정한 수준에 도달한 후 취득한 성적과 적성을 고려해서 진로를 결정하는 것입니다.

주변에서 성공적으로 취업한 사람의 일반적인 경우를 생각해 봅시다. 아마도 초등학교 입학 전에 가정에서 한글과 영어, 간단한 셈 교육을 마쳤을 것입니다. 초등학생 때는 피아노나 태권도, 좀 더 여유가 있는 아이들은 몇 가지 과외 활동을 합니다. 중학교에 들어가서는 공부에 전념해야 하므로 과외 활동에서 특별한 재능이 발견되지 않는 한 지금까지 많은 시간과 노력을 쏟아부었던 과외 활동을 그만두게 됩니다. 고등학교에 들어가서는 전쟁 같은 입시 과정을 겪게 되죠. 커리큘럼과 학습 내용은 정해진 것이어서 공부해야 할 내용에 대한 개인의 선택 폭은 아주 좁다고 볼 수 있습니다.

상황이 이렇게 된 데는 몇 가지 이유가 있습니다. 우선 학교가 변화하는 직업 세계에 대한 정보를 얻고 그것을 학교 교육 프로그램의 하나로 만들어 학생들에게 전파하는 것이 아직 활성화되어 있지 않습니다. 게다가 본질적으로는 아직 변화의 가능성이 무궁무진한 여러분의 미래를 확정 지어 특정한 교육만

하는 것도 위험이 없지 않습니다. 이런 몇 가지 이유로 어떤 분야이든 국어·영어·수학 등 포괄적으로 적용될 수 있는 기본 과목들을 중심으로 학습이 이루어집니다.

그런데 아무리 기본 과목에서 좋은 성적을 거두어 대학 진학에 유리한 고지를 선점했다 하더라도 학과 선택에 직면한 학생들은 새로운 고민에 빠지게 됩니다. 자신이 어떤 전공을 선택해야 하는지 판단이 서질 않기 때문입니다.

적성 검사로 내 진로를?

그래서 대다수 학생은 진로 선택에 직면해서 적성 검사를 이용합니다. 적성 검사가 자신의 적성과 역량을 종합적으로 판단해서 향후 어떤 방향으로 나아갈지를 알려 줄 수 있을 것이라는 믿음을 가지고 말입니다. 물론 이 시기의 진로 선택은 세분화된 것이 아닌 인문계와 자연계를 구분하는 정도에 불과하지만요.

그런데 많은 교육학자가 지적하듯이 적성 검사에는 몇 가지 문제가 있습니다. 우선 적성 검사의 효과입니다. 현재의 적성 검사는 특정 직업 분야에 대한 직무 적성을 판단하기보다 오히려 한 개인의 지적 능력을 측정하는 다중 지능 이론에 기반을 두고 있다고 합니다. 지능 지수가 높은 사람이 모든 직무에서 적성이 높게 나올 수 있다는 것이죠. 또한 창의력, 공감 능력, 협업 능력, 문제 해결 능력 등 실제 직업 활동에서 필요한 역량에 대한 평가를 할 수 없다는 점도 적성 검사의 취약점으로 지적됩니다. 게다가 인간의 적성은 언제든 변할 수 있는 것이므로 적성 검사는 진로 선택의 보조적 수단 정도로만 활용되어야 한다는 점도 생각해야 합니다.

더군다나 기술 발달로 여러 가지 새로운 직업이 생겨나고 있습니다. 어떤 직업은 지금까지 한 번도 상상조차 못 했던 것일 수 있습니다. 따라서 지금과 같은 방법으로 미래의 직업을 선택하는 것은 그다지 권장할 만한 일이 아닙니다.

경험하라, 판단할 수 있도록

자신의 적성을 발견하는 도구로서의 '경험'은 매우 의미 있는 것입니다. 직접 겪어 보고 나서 판단을 하라는 것인데요, 예를 들어 보겠습니다. 빅 데이터 분석가라는 직업은 얼마 전까지만 해도 존재하지 않았습니다. 데이터 분석 기술의 발달에 힘입어 활성화되기 시작한 빅 데이터 산업은 세상에 존재하는 다양하고 방대한 데이터를 분석해 활용함으로써, 각 산업의 생산성을 높일 뿐 아니라 기업 차원에서는 수익성을 높일 것으로 기대하는 분야이기도 합니다.

데이터 분석은 이미 존재하던 영역입니다. 그런데 기술의 발달로 분석할 수 있는 데이터의 양이 방대해졌죠. 분석 결과의 활용도와 효과는 당연히 더욱 커졌습니다. 이러한 빅 데이터 분야에 새롭게 등장한 것이 '데이터 과학자'라는 직업입니다. 데이터 과학자에게 요구되는 직업 역량은 크게 데이터 분석의 기초 지식이 되는 통계학과 프로그래밍 기술 과제, 그리고 업무 지식과 통찰력을 기반으로 한 과제 발굴 역량으로 나누어 볼 수 있습니다.

여러분 중 누군가가 데이터 과학자라는 직업에 관심이 있다면 일상에서 벌어지고 있는 '빅 데이터 현상'을 경험하면서 본인의 흥미를 끌고 있는지를 판단해 보아야 합니다. 빅 데이터의 작업 결과물이 잘 나타나 있는 곳이 미국 최대의 온라인 종합 쇼핑몰인 아마존입니다.

아마존에서 물건을 구매하는 사람들은 장바구니를 클릭하려는 순간 페이지 하단에 즐비하게 늘어서 있는 추천 상품들을 만나게 됩니다. '당신이 구매한 물건과 동일한 물건을 구매한 다른 사람들이 이러이러한 상품도 구매했습니다'라고 하면서 여러분의 추가 구매를 유도합니다. 그런데 신기하게도 추천하는 상품들의 대부분이 나의 구매 욕구를 자극하지요.

이러한 추천 상품은 우리의 상상을 뛰어넘는 엄청난 양의 고객 구매 데이터와 웹 사이트 이용 데이터 등 활용 가능한 모든 데이터를 분석한 결과물입니다. 아마존에서 물건을 구매하거나 IPTV에서 영화를 구매할 때 추천 메커니즘에 호기심을 갖게 되는 경험은 미래 직업의 선택과 나의 적성을 파악하는 데 큰 도움이 될 수 있습니다.

가상 현실VR: Virtual Reality이 뜬다고 하니 휴대 전화 매장에 들러 직접 VR을 체험해 보고 VR이 만들어 낼 세상을 상상해 보는 것도 좋을 것 같습니다. 예술적 재능이 있는 학생이라면 VR이라는 도구가 만들어 낼 영역에 어떤 작품으로 참여할지 꿈꿔 볼 수 있을 것입니다. 변화하는 세상이 만들어 내는 현상 속에 자신을 노출시켜 많은 것을 경험하고 나를 정말 설레게 하는 일을 찾아보길 바랍니다.

18세기 영국의 역사가 토머스 칼라일Thomas Carlyle은 '경험은 가장 훌륭한 스승인데 다만 학비가 비쌀 뿐'이라고 했습니다. 그러나 비싼 학비를 내지 않고도 일상에서 벌어지는 변화의 흐름을 느끼고 경험해 볼 수 있는 기회는 여러분 주위에 널려 있습니다. 적극적으로 경험해 보세요.

틀을 깨고 세상 밖으로

틀에 갇혀 있는 우리

어떤 면에서 보면 우리는 모두 각자의 틀 안에 갇혀 있다고 할 수 있습니다. 신체적으로 건강하지 않게 태어난 사람은 장애라는 틀에, 경제적으로 궁핍한 가정에서 태어난 사람은 가난이라는 틀에, 매일 가족 간에 갈등이 끊이지 않는 가정에서 태어난 사람은 가정불화라는 틀에 갇히죠.

이렇게 태어날 때부터 환경적으로 부여받는 삶의 제약이 있는가 하면, 자신이 살아가면서 스스로 만들어 내는 틀도 있습니다. 타인과 자신을 끊임없이 비교하면서 상대적인 박탈감에 빠져 살기도 하고, 아무리 열심히 살아도 나아지는 것이 없다며 좌절하기도 합니다. 게다가 아주 빠르게 변화하는 세상에 적응하지 못해 생기는 뒤처져 사는 느낌 또한 하루하루 더욱 견고해지는 틀이 되어 버리고 맙니다.

틀을 깨야 하는 이유

자신이 갇혀 있는 틀을 바라보는 관점에 따라 개인의 삶에 미치는 영향이 확연히 달라집니다. 대부분의 사람은 자신을 가두고 있는 수많은 종류의 틀에 대해 긍정적으로 생각하지 않습니다. 우선 자신이 할 수 있는 일을 자신을 둘러싸고 있는 환경, 즉 주어진 틀 안에서만 찾으려고 합니다. 주어진 환경이 열악하니 지레 겁을 먹고 자신이 도달할 수 있는 목표를 제한하는 것입니다.

인간의 삶을 추적해 보면, 일생 동안 자신이 가진 재능의 아주 일부분이 발견되고 발휘될 뿐 죽을 때까지 발견하지 못하는 재능이 훨씬 많다고 합니다. 그런데 사람들은 이를 잘 믿지 않습니다. 하루하루 생활의 어려움을 겪다 보면 자신에게 주어진 재능과 역량이 보잘것없다고 생각하게 되죠.

조금 더 부정적인 경우는 자신이 처한 환경을 탓하는 것입니다. 특히 어떤 일의 성과가 좋지 않을 때 환경의 탓으로 돌리는 경우가 많습니다.

여러분도 그런 경험이 있을 것입니다. 몇 날 며칠을 밤을 새워가며 시험 준비를 했는데, 대충대충 놀면서 공부한 친구보다 성적이 좋지 않을 때 '아, 난 머리가 나쁜가 봐. 해도 안 돼!' 하고 생각한 적 말입니다. 사실은 지적 능력의 차이라기보다 학습 방법에 문제가 있는 경우가 대부분인데, 많은 학생이 타고난 지능을 탓합니다.

하지만 이런 종류의 자기 비하는 그리 심각한 문제가 아닐 수 있습니다. 그보다 더 큰 문제는 이런 일상의 작은 좌절이 쌓이고 쌓이면 자기 삶에 대한 자신감이 줄어들어 자신이 잘할 수 있는 일들을 놓칠 수 있다는 사실입니다. 어떤 일을 이루어 나갈 때 자신의 마음속에 '무엇 때문에'라며 탓하는 생각이 있으면 그 일을 성공적으로 해낼 수 없습니다. 여러분의 마음속에서 하루하루 높아지고 있는 울타리를 이제 조금씩 허물어 나가야 합니다.

틀을 깨기 위해

문제는 어떻게 틀을 깨느냐 하는 것입니다.

어느 시대나 성공한 사람들의 이야기는 대부분 열악한 환경을 배경으로 합니다. 배경이 되는 환경이 나쁘고 처절할수록 이야기가 주는 감동은 더욱 커집니다. 듣지 못하고 보지 못하는 어려움 속에서도 훌륭한 삶을 살아 낸 헬렌 켈러, '저는 팔다리가 없어도 행복합니다'라고 말하면서 전 세계인에게 행복한 삶의 이야기를 전파하는 닉 부이치치Nick Vujicic 등 우리에게 깨달음을 주는 이야기들은 수도 없이 많습니다.

어떤 사람들은 말합니다. 성공 스토리는 그들의 이야기일 뿐, 내 문제는 여전히 일상 속에서 나를 얽매고 나를 한 걸음도 더 나아갈 수 없게 한다고. 그들은 애초부터 자신의 고난을 극복할 능력을 가지고 태어났을지 모른다고. 그래서 내 문제를 해결하는 데 도움이 되지 못한다고 말입니다. 백번 양보해서 그 말이 나름대로 타당하다고 해도 이제 막 세상으로 나가야 하는 여러분에게는 맞지 않는 말입니다. 여러분이 가진 기회와 잠재력은 결코 과소평가되어서는 안 되기 때문입니다.

틀을 깨기 위해 가장 먼저 해야 할 일은 긍정적인 마음을 갖는 것입니다. 성공한 사람들의 이야기를 그저 늘 있는 영화 속의 이야기라고 생각하지 않고 그 이야기들에 공통적으로 담겨 있는 극복의 '노하우'에 집중해 보면, 우리는 그들이 얼마나 긍정의 힘에 의지하고 있는지 알 수 있습니다. 긍정적인 마인드는 삶의 만병통치약 같은 것입니다.

물론 그 효능이 대단한 만큼 그것을 유지하고 활용하는 일이 그리 만만하진 않습니다. 여러분이 갇혀 있는 틀에 대해 느닷없이 긍정적인 생각을 하라고 하면 무엇부터 시작해야 할지 당혹스러울 수 있습니다.

우선 자신의 상황에 대해 객관적 시각을 유지해 볼 것을 권합니다. 자신이 처한 환경에 대해 지나치게 과장하고 있지는 않은지 들여다보는 것입니다. 틀에 갇혀 있다는 것은 객관화가 어렵다는 것을 의미합니다. 모든 것을 자신의 틀 안에서만 보게 되죠. 그러니 내 문제가 세상에서 가장 크고 무겁게 보입니다.

조금만 둘러보면 내가 안고 있는 문제는 생각보다 훨씬 작고 쉽게 해결 가능한 문제일 수 있습니다. 긍정적인 마인드가 당장 생기지 않는다면 나와 비슷한 문제를 가진 사람들이 세상에 얼마나 많은지, 또 그중 많은 사람이 그 문제에 대해 얼마나 당당하게 대처해 나가고 있는지 귀 기울여 보세요. 내 안에도 소금씩 '할 수 있어!'라는 마음이 생길 수 있도록 말입니다.

틀을 깨려고 마음먹었다면 왜 틀을 깨야 하는지 건전한 이유를 만들어야 합니다. 틀을 깨는 데 자신이 확신을 가질 수 있는 긍정적이고 바람직한 이유들이 필요하다는 것이지요.

많은 사람이 자신의 한계를 극복하거나 자신을 둘러싼 여러 가지 장애를 벗어나기 위해 노력합니다. 그런데 그런 피나는 노력을 기울이는 이유가 열악한 환경을 피하기 위한 현실 도피 또는 이기적인 목적에 의한 것이기보다 이타적이고 공동의 선을 추구하는 것일수록 실행에 더욱 탄력을 받을 수 있습니다. 어떤 일을 할 때 단순히 돈을 많이 벌기 위해서가 아니라 돈을 벌어 남을 돕거나 사회적으로 이로운 곳에 쓰기 위해서라고 한다면, 지금 흘리는 땀의 가치가 더욱 높아지고 그 일이 덜 힘들게 느껴질 것입니다.

틀을 깨려면 두려움이 없어야 합니다. '우물 안 개구리'의 말 못할 고민을 들어보면, 아마도 두려움이 큰 이유가 되고 있음을 알 수 있을 것입니다. 우물물의 온도는 늘 적당히 유지되고, 먹이사슬상 자신의 생존을 위협하는 치명적인 다른 동물이 존재하지도 않으며, 물속에는 굶어 죽지 않을 만큼의 먹잇감이 살고 있으니 굳이 우물 밖으로 나가 새로운 도전에 직면하고 싶지 않은 것입니다. 우물 밖으로 나가는 순간 몰려들 위협적인 상황들이 두렵겠지요.

여러분의 생활은 어떤가요? 혹시 현재의 편안함이 앞으로 더 나아가기 위해 노력하는 데 장애가 되고 있지는 않은가요? 인류가 도전과 응전의 역사를 반복했듯이 개인의 삶도 새로운 상황에 대한 끊임없는 도전의 과정을 통하지 않고는 앞으로 나아갈 수 없습니다. 미래 사회는 그러한 도전의 기회들을 더 많이 만들어 낼 것입니다. 그 도전을 두려워하는 것은 자신을 가두고 있는 틀을 더욱 견고하게 만드는 일임을 깨달아야 합니다.

틀은 상상만으로 깨지지 않습니다. 행동해야 하죠. 우리는 어떤 일을 앞에 두고 결연한 의지를 다지곤 합니다. 여러분도 시험을 앞두고 머릿속으로 언제부터 어떤 과목을 공부할지, 마지막 정리는 시험 전날 몇 시간 동안 집중해서 할지 등 수도 없는 결심을 했던 적이 있을 것입니다. 더 나아가 자신이 인생의 목표로 삼는 일에 대해서도 머릿속으로 거창하고 그럴듯한 그림을 그리고 있을 것입니다. 문제는 그렇게 계획한 일들이 실행으로 연결되는 경우가 흔하지 않다는 것입니다. 계획과 실행 사이에 늘 일정한 간격이 존재하죠. 여러분이 자신의 틀을 깰 때 경계해야 할 부분입니다.

틀을 깨는 과정

- 긍정적인 마음을 갖는다
- 틀을 깨려는 이유를 찾는다
- 두려움을 극복한다
- 행동으로 옮긴다

특히 청소년기는 생각이 유연해서 여러 가지 창의적인 생각을 만들어 내기 좋은 반면, 그러한 본인의 생각들을 구체화하고 실천할 의지를 만드는 훈련이 충분히 이루어지지 않는 시기이기도 합니다.

실천에는 예외 없이 고통이 따릅니다. 달콤한 게으름을 버리고 부지런한 습관을 유지해야 하는데, 이는 힘겨운 자기 통제 없이는 불가능합니다. 작심삼일에 빠지지 않도록 고통스러운 순간들을 받아들여야 지속적으로 실행할 수 있고, 그래야 자신을 가둔 틀에서 조금이라도 벗어날 수 있습니다.

세상이 이렇게 빨리 변하고 있는데, 누가 만들어 놓았든 그 틀에 갇혀 있을 수 없는 노릇입니다. 틀을 깨야 새로운 세상이 보입니다.

'나'를 잊고 사는 아이들

학창 시절, 귀에 인이 박히도록 들었고 제가 학생들에게 습관처럼 하는 말이 있습니다. 바로 '공부 열심히 해라'입니다.

여러분에게 '공부'는 무엇인가요? 한자로 工夫라 쓰는 공부는 어떤 학문이나 기술 따위를 배우거나 익혀 그에 대한 지식을 쌓는 행위를 말합니다.

工이라는 글자에는 '장인'이라는 뜻이 있습니다. 장인이 일을 할 때 어떻게 하는지 잘 살펴보세요. 장인은 제대로 된 물건 하나를 만들기 위해 온 정성을 다하여 갈고 닦고 깨부수고 다시 만들기를 반복합니다.

'장인 정신'이라는 말이 괜히 나왔을까요. 이쯤 되면 공부의 의미를 조금이나마 알 수 있겠지요? 공부란 장인 정신을 가지고 무엇인가를 이루기 위해 끊임없이 노력하고, 전보다 더 나은 것을 이루기 위해 애쓰는 것입니다.

제가 학생들에게 말하는 공부는 교과서 지식을 익히는 공부에 한정하지 않습니다. 그러나 학생들에게 공부란 주로 교과서를 익히는 행위에 국한되는 경우가 적지 않습니다. 수업을 하다가 가끔 "여러분은 무엇 때문에 공부하나요?"라는 질문을 던져 봅니다. 그러면 많은 학생은 달리 무슨 이유가 있겠느냐는 표정으로 "좋은 대학 가려고요"라고 답합니다. 저는 계속 질문합니다.

"좋은 대학에 가면 뭐가 좋을까요?"

"대기업에 취직할 수 있죠."

"왜 대기업에 취직하려고 하나요?"

"돈을 많이 벌잖아요."

"돈 많이 벌어서 뭘 할 건데요?"

이때부터 학생들은 즐거운 상상의 나래를 폅니다. '어려운 사람에게 기부를 하겠다', '부모님께 멋진 집을 사 드리겠다', '해외여행을 하겠다' 등 번 돈을 아낌없이 씁니다. 그냥 상상이니까요.

그런데 이런 이야기를 들으면 공부하고 싶은 의욕이 생기나요? 혹시 초조하고 불안하지만 뭘 해야 할지 도무지 알 수 없진 않나요? 공부라는 것을 하긴 해야 하는데 막막하기도 할 겁니다.

왜 이런 현상이 생길까요? 바로 '내가 왜 학교에 와서 공부하는가?'에 대한 답이 자신에게 있는 것이 아니라 외부에 있기 때문입니다. 공부가 언제나 즐거운 것은 아닙니다. 고통과 시련이 따르기도 합니다. 그러나 공부하는 이유가 자신에게 있다면 그 고통과 시련을 견뎌 내겠지요. 장인이 물건을 잘못 만들었다고 포기하지 않는 것처럼 말입니다.

그렇다면 공부하는 이유를 어떻게 자신에게서 찾아낼 수 있을까요? 인기 직업 순위를 찾아봐야 할까요? 아니면 미래 유망 직종 순위를 검색해야 할까요? 그 순위를 알면 공부하고 싶어질까요? 아닙니다. 내가 좋아하는 음식과 색깔, 친구들의 이름은 거침없이 이야기하면서 막상 자신의 취미, 적성, 하고 싶은 일 등을 물으면 "모르겠어요"라고 답하는 친구들이 꽤 있습니다. '모르겠어요'가 아니라 '아직 발견하지 못했어요'가 맞겠지요.

자기 탐색을 하기 위한 가장 좋은 방법은 많은 것을 직접 경험하는 것입니다. '백문 불여일견百聞不如一見'이란 말을 들어 봤지요? '백번 듣는 것이 한 번 보는 것만 못하다'는 의미입니다. 직접 경험의 중요성을 말한 속담이죠. 경험을 통해서 우리는 많은 것을 깨닫고 달라집니다. '정신없이 학교와 학원을 오가는데 무슨 경험을 하라는 거야?'라고 외치고 싶은 학생도 있을 겁니다. 거창한 경험을 떠올린다면 그럴 수 있습니다. 그러나 내 주변의 상황과 여건을 잘 활용한다면 충분히 멋진 경험을 할 수 있습니다. 봉사 활동, 가족 여행, 체험 학습, 진로 탐색 활동 등을 활용해 보면 어떨까요?

간혹 어떤 것들은 직접 경험하기에는 아주 위험하고 기회가 주어지지 않기도 합니다. 그럴 때는 간접 경험을 하면 됩니다. 가장 좋은 간접 경험은 무엇일까요? 바로 '독서'입니다. 프랑스의 수학자이자 철학자인 데카르트는 "좋은 책을 읽는 것은 과거에 가장 뛰어난 사람들과 대화를 나누는 것과 같다"라고 했습니다. 서점에 가면 고전부터 당대 석학들의 저서를 접할 수 있습니다. 그들과 대화할 수 있는 좋은 기회를 잡으세요. 이런 방법도 마음에 들지 않으면 영화를 볼 수도 있고, 내가 존경하는 사람을 직접 찾아가서 대화를 나눌 수도 있습니다.

내가 무엇을 좋아하는지, 내가 원하는 것이 무엇인지, 내가 무엇을 잘할 수 있는지 끝없는 탐색을 하다 보면 '나를 위한 공부工夫를 해야겠구나' 하고 느낄 겁니다. 세상에 있는 모든 것이 배움의 대상이 됩니다. 내게 필요하지 않아 보이는 것들도 나를 성장시킬 수 있는 좋은 경험이 될 수 있습니다. 수업 시간에 배우는 것들도 그런 경험 중의 하나라는 것을 깨달았으면 하는 바람입니다.

공부의 시작은 '자기 탐색'에서 출발한다는 사실을 꼭 기억했으면 합니다.

PART 2

10년 후,
달라질 미래

20세기 영어 = 21세기 ICT

영어 가고, 인공 지능 오고

인공 지능의 기세가 무섭습니다. 기술 전문 신문뿐 아니라 종합 일간지의 한 면에서 인공 지능에 관한 기사를 찾아내는 것은 아주 쉬운 일이 되었습니다. 이제 우리는 인공 지능에 대해 말 한마디 못하면 시대에 뒤처지는 느낌을 받아야 하는 지경에 이르렀습니다.

하루가 멀다 하고 소개되는 새로운 기술들에 대해 기본적인 지식이라도 익히는 것 역시 그리 만만한 일이 아닙니다. 얼마나 복잡하고 새로운 일들이 일어날지 도무지 예측할 수 없습니다.

20세기에 이 땅에 살던 선배들은 우리가 지금의 인공 지능을 대하는 그런 마음으로 '영어'라는 장벽에 맞서 싸웠습니다. 영어를 잘 할 줄 모른다고 하면 왠지 뒤처지는 느낌이고 쑥스럽고 부끄럽기까지 한 마음의 부담을 가지고 살아야 했습니다. 다른 나라의 언어를 습득한다는 것이 어렵고 지루하고 고된 일이지만 말 한마디 못 하면 세계화에 적응하지 못하고 있다는 좌절감이 지배하던 시기였죠.

이제 20세기 한국인을 고단하게 했던 영어의 시대는 가고 서서히 그 자리를 AIArtificial Intelligence, 즉 인공 지능에 내어 주고 있는 것 같습니다. 좀 더 넓게 말하면 신기술의 시대를 맞이하고 있는 것이죠. 어렵게만 느껴지는 인공 지능은 20세기에는 IT로, 21세기 초에는 ICT로 이름을 바꾸어 늘 우리 곁에 있었던 개념입니다.

인공 지능이라는 말이 소개된 지는 거의 70년이 되고 있습니다. 지난 70년간 주변을 떠돌던 그 말이 갑자기 왜 우리 삶에 이렇게 중요하게 등장했을까요? 실험실 과학자들의 전유물처럼 여겨지던 인공 지능이 이처럼 빛을 보기 시작한 것은 많은 과학자가 기울인 그간의 노력이 결실을 맺어 드디어 생활에 직접적으로 도움을 주는 '생활형 인공 지능'으로 다가오고 있기 때문입니다.

왜 인공 지능인가?

그렇다면 우리는 왜 영어가 아닌 인공 지능의 발전에 더 관심을 가져야 할까요? 예를 들어 봅시다.

영어를 공부하는 궁극의 목적은 의사소통을 원활하게 하거나 영어로 된 글을 우리말처럼 잘 읽고 해석하기 위해서입니다. 그런데 지금은 인공 지능이 영어 번역 분야에서도 놀랄 만한 실력을 발휘하고 있습니다.

웹이나 모바일 애플리케이션을 통해 쉽게 이용할 수 있는 구글 번역 프로그램에 우리가 일상에서 쓰는 말을 한국어로 입력하면, 대부분 큰 오류 없이 영어로 번역이 되어 나타납니다. 물론 번역하려는 문장을 음성 인식을 통해 입력할 수 있습니다. 인공 지능이 더욱 발달하면 기존 통·번역 프로그램들의 오류를 더 줄여, 상황에 맞게 적절한 통·번역 비서 역할을 해낼 만큼 완벽성을 갖추게 된다고 합니다.

초기에는 애플리케이션 형태로 시작하겠지만 향후에는 우리 인체에 칩 형태로 삽입되어 자유자재로 통역이 가능해질 것이라고 전문가들은 예측하고 있습니다. 몸 안에 심어진 영어 두뇌, 놀라운 일 아닌가요?

결국 인공 지능의 발달은 기존에 우리가 엄청난 시간을 투자해 달성하려고 했던 영어를 비롯한 여러 분야에 중대한 영향을 미칠 것입니다. 따라서 인공 지능이 만들어 갈 세상을 이해하지 않고는 미래를 효과적으로 준비할 수 없을 것입니다.

배움의 이동, 영어에서 인공 지능으로

인공 지능이 등장한 시대를 사는 우리는 무엇을 배워야 할까요? 미래를 위해서 우리가 준비해야 할 일은 단순히 암기와 반복을 통해 영어를 익히는 게 아닙니다. 오히려 인공 지능 같은 첨단 기술이 우리 생활에 어떻게 다가오는지 살펴보고 활용하는 방법을 찾아가야 할 때입니다.

20세기 한국은 세계 각국으로부터 IT 강국이라는 자랑스러운 찬사를 들었습니다. 그러나 인공 지능이 각광을 받고 있는 지금 어디서도 한국의 인공 지능을 배우라고 하는 말은 들리지 않습니다.

미래의 언어인 인공 지능을 어떻게 배워야 할까요? 무엇을 배우든 처음은 낯설고 어렵습니다. 영어도 그랬고 인공 지능 또한 다르지 않을 것입니다. ICT 기반의 인공 지능을 배우는 것은 우리가 지금까지 배웠던 그 무엇보다 더 많은 노력과 시간을 들여야 할지 모릅니다. 그러나 미래에는 우리 삶의 주변을 떠도는 ICT를 이해하지 못한다면 우리가 할 수 있는 일은 거의 없을 것으로 보입니다.

영어가 하루아침에 능숙해지지 않는 것처럼, ICT를 기반으로 하는 다양한 적용 기술에 익숙해지는 것 역시 일정 기간의 노력과 숙련, 상상력이 필요한 일입니다. 과학 기술이 아무리 발달한다고 해도 나의 의지대로 살기 위해 갖추어야 할 요건들을 만들어 가는 과정은 반드시 필요해 보입니다. 이 과정의 숙련은 2,000년 전 농업 기술을 배우던 사람이나 산업혁명 이후 새로운 기계의 사용법을 배우던 20세기 이전의 사람이나 21세기 인공 지능과 더불어 살아가야 하는 사람이나 똑같습니다. 참으로 아이러니한 일입니다.

디지털 시대를 살아기는 여러분은 이제부터 외국어 공부를 위해 들여야 하는 시간과 노력의 상당 부분을 코딩Coding 학습에 쏟아야 할지 모릅니다. 코딩은 코드Code라는 컴퓨터 언어를 이용해 프로그램을 만들어 내는 작업을 말합니다. 이제 인간의 언어 대신 컴퓨터의 언어를 배우는 일이 더욱 중요한 시대가 되는 것입니다. 세계 여러 나라에서 코딩을 초등학교 정규 과정에 포함시키고 있고 우리나라에서도 2018년 중등학교 코딩 교육 도입을 시작으로 초등학교 고학년 의무 교육으로 확대되어 시행 중입니다.

이처럼 코딩의 중요성이 부각되는 이유 중 하나는 코딩이 단순히 기술적 방법을 익히는 것이 아니라, 기계가 이해할 수 있는 언어로 기계와 소통하는 과정에서 우리가 논리적 사고 체계를 가질 수 있다는 점입니다. 배워야 할 것의 무게 중심이 옮겨가고 있습니다.

인간은 필요 없다?

사람 없는 세상

좀 더 먼 이야기를 해 보겠습니다. 여러분이 취업 전선에 뛰어들 시점보다 20년쯤 더 지난 미래의 이야기 말입니다. 즉 앞으로 40년 후면 인간이 있었던 일자리에 인간이 더는 존재하지 않거나, 아주 적은 수의 인간만이 존재하는 세상과 만나게 될 것이라고 합니다. 인공 지능이 탑재된 로봇이 현재 인간이 하고 있는 일의 상당수를 대신한다는 것이죠.

실제로 과거에는 수백 명의 노련한 작업자를 투입하던 크라

이슬러 같은 대표적인 자동차 회사에도 변화의 바람이 불고 있습니다. 자동차를 제조하던 공정 대부분이 자동화되어 로봇으로 대체되고 있기 때문입니다. 자동차 제조업에서는 로봇과 함께 일하는 사람의 모습이 익숙한 풍경이 되고 있답니다. 심지어 VR을 이용하여 새로운 자동차를 만드는 방식에 획기적인 변화를 가져왔습니다. 예전에는 새로운 모델의 자동차를 설계하는데 시행착오도 많이 하고 그 과정에서 사고 등 예기치 못한 위험과 상당한 비용을 투입해야 했지만, 최근에는 인공 지능과 연결된 설계 프로그램을 VR과 접목하여 다양한 무게·디자인·재료 등을 손쉽게 변경하면서 새로운 자동차 모델을 개발하고 있습니다.

인공 지능에 대해서는 아직 그 개념이 명확하게 정의되어 있지 않습니다. 지금은 인공 지능을 이야기할 때 약한 인공 지능 Weak AI, 강한 인공 지능 Strong AI, 초지능 Super AI 정도로 분류하는데 인간이 하는 일이 어느 시점에 얼마만큼의 영역에서 인공 지능으로 대체될지 정확히 예측하기란 쉬운 일이 아닙니다.

다만 인류가 가속적으로 발전한다는 수확 가속의 법칙 Law of Accelerating Returns을 주장한 미래학자 레이 커즈와일 Ray Kurzweil이나 1990년대 이후로 기술의 진화 속도가 매해 두 배씩 증가했으니 인공 지능이 확산되는 것도 그리 먼 미래가 아니라고 한 컴퓨터 공학자 한스 모라벡Hans Moravec의 의견을 받아들인다면, 인공 지능의 발전도 상상 이상으로 빠르게 진행될 것이라고 추측할 수 있습니다. 그러한 발전 속도를 감안하면 인간이 자리 잡고 있는 다양한 영역에 인공 지능이 어떤 형태로든 개입하는 것은 무리가 아닌 듯합니다.

무인 자동차는 실험실을 벗어나 거리로 나왔습니다. 몇 가지 관련 법 제도가 마련되면 조만간 인간이 최소한의 통제권을 갖는 자율 주행 자동차가 실제로 운행될 것이라고 합니다. 그러고 나서 또 10여 년이 흐르면 인간이 타고 있지 않은 완전한 무인 차량이 물류 배송을 담당하게 될 것이라고도 합니다. 실제로 세계적인 자동차 제조사인 메르세데스 벤츠도 배송용 무인 트럭 개발에 집중하고 빠른 상용화를 위한 투자를 적극 진행하고 있습니다.

제조 분야뿐 아니라 우리 사회에서 일어나고 있는 일들에 대해 판단과 해석이 필요한 신문 기사 작성 영역에도 로봇이 활약하고 있습니다. 서울대학교 이준환 교수 연구 팀이 개발한 기사 작성 알고리즘 '야알봇'이 작성한 프로 야구 기사를 보면 "롯데는 4점으로 승리를 노렸지만 턱없이 부족했다"라는 대목이 나옵니다. 내용만 봐서는 로봇이 쓴 것인지 인간이 쓴 것인지 구분하기 어렵습니다. 미국의 일간지 〈LA타임스〉는 지진 정보를 수집하는 로봇을 통해 실시간으로 기사를 쓰고 있고, 영국 일간지 〈가디언〉은 기사를 선별하고 배치하는 일조차 로봇에게 맡기고 있다 합니다. 이러한 로봇 저널리즘의 사례가 나날이 늘고 있습니다.

이 밖에도 엄청난 양의 금융 거래 데이터를 분석해 투자 수익률을 높이는 데 기여하는 금융 로봇, 진단의 정확도를 획기적으로 높여 주는 의료 분야 인공 지능 등 각 산업 분야에서 인공 지능 로봇의 역할은 구체적이고 폭넓게 확장되고 있습니다.

우리는 행복해질까?

소셜 네트워크 서비스인 페이스북Facebook의 창업자 마크 저커버그Mark Zuckerberg는 인공 지능이 인류에게 더 나은 세상을 선물해 줄 것이라고 말합니다. 로봇이 인간의 힘든 업무를 대신할 경우 인간은 새로운 가치를 만들어 내는 창의적 영역에 보다 집중할 수 있게 된다는 것입니다.

이렇게 인공 지능이 인간에게 이로울 것이라고 주장하는 사람들이 있는 반면 인공 지능이 가져올 세상에 대해 걱정하는 사람들도 있습니다. 특히 세계 제일의 전기 자동차를 생산하는 테슬라 모터스Tesla Motors의 최고경영자CEO 일론 머스크Elon Musk, 애플Apple의 공동 창업자 스티브 워즈니악Steve Wozniak 등은 인공 지능이 화학 무기나 핵무기에 버금가는 위협적인 무기가 될 수 있다고 경고합니다.

게다가 당장 더 심각한 문제는 로봇이 인간의 일자리를 빼앗아 가는 것이라고 보는 사람들도 적지 않습니다. 요즘은 야구 경기에서 컴퓨터와 고도의 카메라 몇 대가 스트라이크를 판정합니다. 야구에서 투수가 던진 공에 대한 판정 시비가 끊이질 않으니 야구 협회는 더 정확한 판정 로봇의 도움을 받고자 할 것입니다. 그러면 우렁찬 소리로 "스트라이크!"를 외치던 심판들은 설 자리가 없어질 게 뻔합니다.

지금 여러분이 갖고 싶어 하는 직업이 혹시 로봇으로 쉽게 대체될 수 있는 것은 아닌지 따져 보아야 합니다. 실제로 현재 우리나라 청소년들에게 선망의 대상인 직업군, 즉 의사, 변호사, 기자, 회계사, 컨설턴트 등도 30년 후에는 지금의 인기를 유지할 수 없을 것이라고 예측하는 사람들이 많습니다.

초인공 지능의 실현 가능성에 좀 더 무게를 둔다면 문제는 더욱 심각해집니다. 인지하고 판단할 수 있는 능력을 보유한 로봇이 나온다고 가정해 봅시다. 아마도 그런 로봇들은 영화에서처럼 인간과 대립하고 경쟁하려 들 것이고, 인간은 인간 간의 갈등에 덧붙여 골치 아픈 싸움 상대를 하나 더 갖게 될 것입니다.

다행스럽게도 초인공 지능이 어떤 모습일 것이며 그 영향이 얼마나 클지 아직 명확한 그림이 없습니다. 설령 있다 하더라도 어느 시점에 그것이 등장할 것인가에 대한 쟁점은 여전히 남아 있습니다. 그러나 여러분의 다음 세대는 초인공 지능의 존재에 대해 보다 구체적인 고민을 해야 할 것입니다.

인간의 몫

그렇다면 인간이 점차 사라질 세상에 대비하기 위해 우리는 무엇을 준비해야 할까요? 당장 여러분이 공부하는 패턴을 바꾼다거나 진로를 수정해야 하는 것은 아닙니다. 그러나 인간이 담당해야 할 역할이 변화한 시대를 살게 될 경우를 머릿속에 그려 보고, 그 전체적인 방향성에 자신을 맞추어 나갈 마음의 준비를 시작해야 합니다. 인간이 강점을 가지고 있는 창의성, 감성, 협업, 커뮤니케이션 능력은 미래에도 그 중요성이 더욱 강조될 것으로 보입니다. 인공 지능이 우수한 컴퓨팅 능력으로 분석해 낸 결과치를 해석하고 의미를 발견해 생산성을 높이는 영역에 적용하는 일, 인간의 감성이 녹아든 예술적 스토리를 창작하는 일 같은 것은 미래에도 인간이 경쟁력을 가질 의미 있는 영역입니다.

미래에는 약사의 역할이 대폭 축소될 것이라고 합니다. 로봇에게 처방전에 따라 조제하는 일을 시켜 보았더니 정확도나 속도에서 탁월한 성과를 내더라는 것이죠. 실험 결과만 본다면 약사는 약국에서 사라져야 합니다. 과연 그렇게 될까요?

로봇이 약을 조제하는 동안 환자의 이야기를 듣고 질병에 관해 설명해 주는 일, 조제된 약의 부작용을 알려 주고 이해를 돕는 일, 무엇보다 환자의 지친 마음을 배려한 상담 등은 유능한 약사의 몫으로 남겨질 것입니다. 로봇이 단순 반복적인 조제 분야를 맡게 된다면, 여유가 생긴 약사들은 남는 시간 동안 환자에게 맞춤형 의료 상담을 해 줄 수 있을 것입니다. 인간의 역할이 진화하는 사례입니다.

인공 지능의 보편화가 우리 인간의 삶을 변화시킬 것임은 분명해 보입니다. 인류 진화의 긍정적인 측면에 초점을 맞추어 보면, 인간이 필요 없어지는 것이 아니라 인간의 역할이 더욱 중요해지는 미래가 열릴 것으로 보입니다. 그렇게 더 나아질 세상에서 여러분이 할 수 있는 일에 대해 진지한 생각의 탐험을 시작할 때입니다. 로봇과 함께할 세상이 멀지 않아 보입니다.

세상을 보는 눈

성장, 그 고단한 시대정신

어떤 시대든 그 시대를 살고 있는 사람들의 일반적인 정신 자세나 태도, 즉 시대정신이라고 불리는 것이 있습니다. 조선 시대에는 효도나 예절 등을 중시하는 유교 사상이, 그리고 일제 강점기에는 자주독립이 주요한 시대정신이었죠. 한국 전쟁 이후 국가 재건기에는 전쟁의 상처를 치유하고 산업을 발달시켜 국민들이 잘살 수 있도록 하는 빈곤 극복이 중요한 시대정신이었습니다.

어느 특정한 시점에서 한 사회의 시대정신은 그 시대를 살고 있는 사람들의 삶과 행동에 큰 영향을 끼칩니다. 우리나라는 전쟁 이후 놀라운 속도로 경제 발전을 이루면서 사람들의 삶은 다른 개발 도상국 여러 나라의 부러움을 살 정도로 윤택해졌습니다. 그러나 경제 발전을 위해 국가 전체의 에너지를 쏟아붓는 동안 생산성이나 효율성과 같이 경제 성장을 이끌 수 있는 것에 집중하느라 국민 개개인의 가치나 창의성이 희생되는 문제가 나타나기 시작했습니다.

그러한 현상은 교육 분야에서 더욱 두드러지게 나타났습니다. 교육 현장에서 주어진 정규 교육 과정을 벗어나는 것은 곧바로 실패로 규정되는 경우가 많았죠. 학교를 그만두고 검정고시를 치러 대학에 진학하겠다는 계획은 '학교생활에 문제가 많아 그럴 것'이라는 의심의 눈초리를 받아야 했습니다. 고등학교뿐 아니라 대학에서도 중간에 전공을 바꾸어 진로를 변경하려는 것은 그다지 환영받는 일이 아니었습니다.

한 사람의 성공을 판단할 때도 사회에서 정한 틀에 따르는 경우가 대부분이었습니다. 가령 돈을 많이 벌거나 누구나 부러워하는 지위를 얻게 된 경우와 같은 물질적인 성공을 더욱 중시하는 경향이 있었습니다. 성공을 위해 개인의 삶이 희생되는 것이 그다지 큰 문제로 받아들여지지 않았고, 자신의 성공을 위해 다른 사람의 아픔을 돌보지 않는 일도 많았습니다. 이런 일들은 앞서 말한 시대정신의 무게 중심이 '성장'에 주어졌기 때문이었습니다.

달라지는 세상, 달라져야 할 생각들

그런데 이제 우리 사회의 시대정신이 바뀌고 있습니다. 오늘날의 시대정신은 바라보는 각도에 따라 다르게 정의될 수 있겠지만, 우리의 삶과 관련지어 생각해 보면 '행복 추구'가 중요한 한 부분을 차지하는 것 같습니다.

그런데 이런 개인화 경향은 과학 기술의 발달이라는 시대적 흐름과 상호 작용을 하면서 사회와 사람들의 삶의 모습을 점차 바꾸어 나가고 있습니다.

지금까지는 학교에서든 직장에서든 친구나 동료와의 경쟁에서 이겼을 때 큰 성취감을 맛볼 수 있었습니다. 하나의 목표 아래 여러 사람이 같은 장소에서 똑같은 일에 매달리다 보면, 자신이 남들에 비해 좀 더 잘하고 있을 때 만족감이 높아집니다.

그런데 무서운 속도로 발전을 거듭하고 있는 미래의 과학 기술은 우리 생활 속에서 반드시 어떤 특정한 시간에 모여야만 하는 불편함을 해소해 줍니다. 또 반드시 같은 장소에서 일을 해야 하는 번거로움도 완화해 줄 것으로 보입니다. 원격 근무가 더욱 보편화되겠지요.

실제로 코로나-19 등 전 세계를 공포에 떨게 한 감염증의 확산이 비대면 환경을 빠르게 앞당겼습니다. 이제 재택근무, 온라인 학습이라는 말이 낯설지 않을 정도입니다. 이러한 추세대로 되면 회사에 가지 않고도 언제 어디서든 아무런 어려움 없이 일할 수 있게 됩니다. 어떤 사람들은 한 사람이 운영하는 '1인 기업'이 대세가 될 것이라고도 합니다.

이렇게 변화하는 세상에 적응하기 위해서는 우리의 생각과 행동이 달라져야 합니다. 혼자서 일을 하게 되면 여러 사람과 함께 일하는 과정에서 남들보다 잘하기 위해 더 열심히 일을 하려는 경쟁 심리가 작동하지 않을 수 있습니다. 그렇게 되면 일하고자 하는 자신의 의욕을 북돋아 줄 다른 대안들을 찾아야 할 것입니다.

이러한 변화에는 긍정적인 측면도 있습니다. ICT의 발달로 일과 관련된 정보를 얻는 것은 더욱 쉬워지고 그 정보들을 해석하고 업무나 일상생활에 적용하는 것이 더욱 활발해질 테니, 이런 상황을 십분 활용하여 자신의 업무 영역에서 생산성을 높일 수 있는 방안들을 고민해 보아야 합니다.

재미있는 일, 행복한 삶

미래에는 개인의 삶의 형태도 중요한 변화를 겪게 될 것입니다. 일과 개인의 삶을 분리하는 것이 요즘 신세대 직장인의 트렌드라고 합니다. 좀 더 시간이 흐르면 아예 일 자체를 즐겁게 하는 추세가 확산될 것이라고 합니다.

누군가로부터 인정받기 위해 밤낮없이 일하고 불편한 상사 밑에서 엄청난 인내심을 발휘해야 살아남는 조직 생활에서 벗어나, 자신만의 성공 기준을 세우고 스스로 만족할 수 있는 일의 양과 질을 추구하게 될 것입니다. 생각만 해도 즐거운 일입니다. 그런 추세는 우리 사회의 곳곳에서 다양한 모습으로 나타나고 있습니다.

대표적인 예가 유튜브의 폭발적인 성장입니다. 2005년 스티브 첸이라는 창업자에 의해 등장한 유튜브는 현재 매월 20억

명이 넘는 이용자가 접속하고 있습니다. 단순히 영상 콘텐츠의 소개뿐 아니라 새로운 비즈니스를 창출하고 연예인보다 더 인기 있는 유튜버들을 탄생시키고 있습니다. 그 결과 다수 청소년의 꿈이 유튜버라고 할 정도니까요.

그중 퓨디파이PewDiePie라는 닉네임의 스웨덴 출신 청년이 있습니다. 그는 스웨덴의 한 대학을 중퇴하고 유튜브에서 게임 채널을 운영하고 있습니다. 그가 제작한 동영상의 구독자 규모는 무려 1억 명에 달하고 연평균 수입은 200억 원대에 이른다고 합니다.

그는 예술적으로 뛰어난 영화를 만들어 올리는 것도 아니고 '아이디어 대박 상품'을 만들어 홍보하는 것도 아닙니다. 그가 올리는 동영상은 아주 평범해 보이는 게임 동영상입니다. 그 동영상 속에서 자신이 직접 기어 VR을 쓰고 온갖 장난과 익살스러운 행동을 하면서 그저 게임을 즐깁니다. 그러면서 돈을 벌고 있는 것이지요. 엄청난 인기를 끌면서 말입니다. 재미있는 세상이 오고 있습니다.

이런 재미있는 세상의 중심에 개인의 '창의성'이 있습니다. 창의적인 아이디어가 곧 하나의 사업이 되고 그 사업이 돈을 벌어주는 것이죠. 흥미로운 예는 미디어 산업에서도 찾아볼 수 있습니다.

웹툰이나 웹드라마가 좋은 사례입니다. 과거에는 드라마를 제작하는 데 엄청나게 큰 비용이 들었습니다. 그러나 1인 편집과 제작을 할 수 있는 인터넷의 발달로 새로운 직업군이 등장한 것이라고 할 수 있습니다.

웹툰이나 웹드라마의 중심에는 새로운 생각과 자유로운 상상력에 기반을 둔 참신한 기획이 자리 잡고 있습니다. 풍부한 상상력을 가진 사람, 호기심이 충만한 사람, 무엇보다 현실의 제약을 스스로 극복하는 사람이 새롭게 부상하는 영역에서 대우받고 성공하는 시대가 오고 있는 것입니다.

새로운 세상에 초점을 맞추고

다시 시대정신 이야기로 돌아가 이번 장을 마무리 하겠습니다. 새롭게 다가올 세상의 시대정신은 과학 기술의 발달과 개인의 행복에 관련된 무언가가 될 것입니다. 당연히 시대의 흐름에 따르기 위해 과학 기술에 대한 적응력이 요구될 것입니다.

미래 기술은 과학 기술 분야뿐 아니라 사회 과학과 인문학,

자연 과학의 모든 영역에 적용되어 변화를 이끌게 될 것이므로 자신의 직업 분야를 불문하고 현재 진행되고 있는 과학 기술의 기본을 이해하는 일에 시간을 투입해야 합니다.

세상을 보는 눈의 초점과 각도, 방향을 새로운 시대정신에 맞추고 다시 조정해 보아야 합니다. 눈과 귀는 항상 미래를 향해 열어 두면서 말입니다.

나만의 무기가
필요하다

치열한 생존 경쟁의 장, 취업 시장

매년 수십만 명의 청춘이 직업 세상의 문을 두드립니다. 그
런데 청년들이 일할 곳을 찾지 못하는 '청년 실업'이 최근 사회
문제의 하나로 떠오르고 있습니다. 대학 졸업이 곧 취업으로 이
어지던 좋은 시절은 지나가 버린 듯합니다.

이처럼 일을 찾는 사람과 일거리를 제공하는 세상에도 변화
의 바람이 불고 있습니다. 그 직업 세상의 한쪽에는 날로 치열
해지는 글로벌 경쟁에서 살아남기 위해 안간힘을 쓰고 있는 '기

업'이라는 생명체가 있습니다. 일거리를 만들어 내는 쪽입니다. 기업도 개인과 마찬가지로 생존 경쟁의 틀에 갇혀 있기 때문에 자기 회사의 생존에 도움이 될 직원들을 선별하는 데 상당한 노력을 기울입니다. 이때 가장 중요한 선택 기준은 '선택한 직원들이 제 몫을 잘 해낼 수 있는가'입니다. 회사가 직원을 위해 지불하는 월급만큼 직원도 회사에 그만 한 돈을 벌어 줄 것인가를 늘 고민하죠.

그런데 문제는 직접 일을 시켜 보기 전에는 직원들의 생산성을 측정하기 쉽지 않다는 것입니다. 그래서 기업은 해당 지원자가 입사 후 해당 업무 분야에 활용할 수 있는 차별화된 무기가 있는지 서류 심사나 면접시험 단계에서 중점적으로 확인하려고 합니다. 과거에는 명문대라고 불리는 학교를 졸업하면 기업은 전공과 스펙을 불문하고 그 사람을 채용하기도 했습니다. 고등학생 시절에 성실하게 공부해서 좋은 대학에 갔으니 회사에 들어와서도 좋은 성과를 내 줄 것이라는 단순한 믿음이 있었던 것이죠. 게다가 기업의 인력 수요가 공급에 비해 더 컸기 때문에 큰 문제가 없는 듯했습니다.

그런데 지금은 상황이 역전되어서 취업 시장에 공급 초과 문제가 나타났습니다. 일반 노동 시장의 공급 초과 현상과 달리 기술 진보에 의해 새롭게 생겨난 사업 분야에 활용할 전문가는 원활하게 공급되지 않는 현상도 발생하고 있습니다. 학력을 중시하던 채용 기준도 많이 바뀌었습니다. 다수의 회사가 학력 정보를 가린 채 입사 지원서를 심사합니다.

취업을 준비하는 학생들도 달라졌습니다. 직장 생활에서 필요한 역량을 쌓기 위해 부단한 노력을 합니다. 미리 회사에 들어가 수련 과정을 경험하는 인턴 프로그램에 지원하고, 외국어 능력 시험을 치르고, 다양한 봉사 활동 프로그램에 참여하는 등 취업하려는 회사에 자신을 효과적으로 어필하기 위해 필사적인 노력을 기울입니다.

더 미궁 속으로

상황은 더욱더 달라질 것으로 보입니다. 변화된 미래 사회가 요구하는 개인 역량의 수준은 우리 상상을 뛰어넘을 수 있습니다. 최근 미디어 시장이 확대됨에 따라 신문방송학과가 인기를 끌고 있다고 합니다. 그러나 단순히 전공 학과가 인기를 끄는 시대는 그리 오래가지 못할 것 같습니다. 미디어 시장에서 기술 발달이 불러일으킨 변화는 엄청납니다. 그동안 사람들이 즐겨 본 영화에 관련된 데이터를 분석해 새로운 영화의 이야깃거리를 만들고, 그 영화의 주인공이 될 배우를 선정하며, 그렇게 만들어질 영화의 주요 잠재 고객을 설정합니다.

이제 학교에서 습득한 몇 가지 미디어 지식만으로는 미디어 기업에 들어가서 일 잘한다는 소리를 듣기 어려울 수 있습니다. 학습한 지식에 덧붙여 미디어 이용 데이터를 분석하고, 그 분석 결과를 해석해 새로운 표적 고객을 가려내야 할 뿐 아니라 고도의 마케팅 기법을 적용해 서비스 이용을 늘릴 수 있는 종합적·전문적 역량이 있어야 다른 사람과 비교해 차별성을 갖게 됩니다. 더군다나 기업의 수명보다 개인의 수명이 길어지는 시대가 오고 있으니, 힘들여 갈고닦은 자신의 무기를 시대적 변화에 맞게 바꾸어 나가야 한다는 부담이 더해질 수 있습니다.

나만의 무기

이제 서둘러 자신만의 무기를 만드는 작업을 시작할 때가 되었습니다. 그 첫걸음은 당연히 나에 대해 정확히 아는 것입니다. 나는 어떤 일을 하면서 살고 싶은지, 어떻게 사는 게 행복한 삶을 사는 것인지, 나를 둘러싼 여러 갈래의 관계 속에서 나는 어떤 사람이고 싶은지 등 무수히 많은 질문을 던지면서 자신의 실체를 파악하는 것입니다.

대개 일상생활을 하면서 가끔씩 스쳐 지나가는 생각들 속에 그런 질문들이 오가기는 하지만, 그것들을 보다 구체적이고 체계적으로 생각하고 정리해 보아야 합니다. 생각할 수 있는 기회를 더 많이 가져다주는 독서나 친구 혹은 부모님과의 대화를 통해 도움을 얻을 수도 있죠. 그러나 마지막 정리는 자신의 의지와 판단에 의해 이루어져야 합니다. 자신을 들여다보는 일은 평생의 작업이고 숙제입니다. 청소년기는 그 숙제를 시작하기에 딱 좋은 나이입니다.

다음으로 진학할 학과와 대학을 선택하는 일에 매달려 정작 자세히 들여다보지 못했던 '내가 제일 잘하는 것'을 생각해 보아야 합니다. 내가 제일 잘하는 것을 찾는 일은 기본적으로 내가 무엇을 할 때 만족감이 높은지, 무엇을 할 때 시간 가는 줄 모르는지 가려내는 일입니다. 한 가지 예를 들어 보겠습니다. 게임을 좋아하는 수준을 넘어 게임에 지나치게 많은 시간을 보내는 학생이 있습니다. 공부에 집중하지 않고 게임에 빠져 있는 아이를 부모님은 당연히 못마땅해합니다. 게임 때문에 집 안이 늘 긴장 상태에 놓이기도 합니다.

그저 재미나 오락으로 게임을 하고 있다면 본인이 목표로 삼아 매진하려는 일에 영향을 주지 않도록 적당히 시간을 조절해야겠지만, 만약 게임이 미래에 자신의 직업이 될 만하다고 생각한다면 좀 더 진지한 접근이 필요합니다.

나만의 무기를 만드는 과정

- 나에 대해 정확히 알기
  - 어떤 일을 하며 살고 싶은가?
  - 어떻게 사는 삶이 행복한가?
  - 다양한 관계 속에서 나는 어떤 사람이고 싶은가?

- 내가 제일 잘하는 것 생각해 보기
  - 무엇을 할 때 만족감이 높고 깊이 몰두하는가?

게임 분야는 미래의 엔터테인먼트 산업에서 중요한 위치를 차지할 것입니다. 매체 간의 연결이 확대되고 VR이 확산되면 게임은 또다시 획기적인 발전을 거듭해서 미래 산업의 핵심적인 위치에 오를 것으로 보입니다. 그러면 자녀들이 게임에 몰입하는 모습을 보면서 부모님들이 비판만 하실 것이 아니라 더욱 열심히 하도록 격려해 주어야 할 대상이죠. 게임을 직업으로 하겠다고 결정한 경우에 말입니다. 게임을 오락으로 할 것인지 미래 자신의 역량을 펼칠 하나의 무기로 삼을 것인지를 판단하는 일은 순전히 여러분의 몫입니다.

갈고닦고 끊임없이 싸워 가며

이제 해야 할 일이 분명해졌습니다. 수많은 영역 중 자신의 선호와 장점이 상대적으로 두드러지는 분야가 드러났다면, 어떤 것이든 그에 맞춰 학습하는 일에 몰두해야 합니다. 가장 영향력 있는 경영의 대가로 불리는 피터 드러커Peter Drucker는 미래 지식 근로자는 자기 계발에 대한 책임, 직업 선택의 책임을 개인 스스로가 져야 한다고 주장합니다. 자신을 부단히 채찍질해서 미래 사회가 요구하는 인재가 되어야 한다는 것입니다. 자신도 3~4년마다 새로운 주제를 선정해 그 분야를 정복하기 위한 시도를 60여 년간 지속했다고 합니다.

자신이 가지고 있는 재주를 발견하고 그것을 갈고닦는 일에 더해, 미래 사회의 빠른 변화 속도를 감안하면 새롭게 생겨나는 분야를 탐구하는 일에도 많은 노력을 기울어야 합니다. 미국 일간지 〈워싱턴포스트〉의 기자 출신 작가 말콤 글래드웰 Malcolm Gladwell이 쓴 《아웃라이어Outliers》에 '1만 시간의 법칙'이라는 개념이 있습니다. 빌 게이츠Bill Gates, 비틀스, 모차르트 등 시대를 대표하는 천재들의 공통점을 분석해 본 결과 자신의 분야에서 성공을 거둔 요소는 재능이 아니라 1만 시간 이상의 꾸준한 노력이었다는 것입니다.

1만 시간은 매일 8시간을 일한다고 가정하면 3~4년에 불과한 시간입니다. 넉넉히 4년 동안 한 분야에 온 힘과 정성을 쏟으면 그 분야에서 최고에 경지에 이를 수 있다는 것입니다. 고령화 사회에 진입하면서 은퇴한 후 새로운 일을 시작하는 사람들이 늘고 있습니다. 그들에 비하면 여러분의 청소년기는 기회로 가득하고 이룰 수 있는 것도 무궁무진한 시기입니다.

어린 나이에 새로운 꿈을 꾸고 그 꿈을 이루기 위해 자신을 끊임없이 담금질해서 성공한 사례는 무수히 많습니다. 지금 눈앞에 펼쳐지고 있는 이 거대한 변화의 물결 앞에서 그 어떠한 성공 사례도 내 인생에 결정적인 해답이 될 수는 없습니다. 결국 나 자신과의 싸움입니다. 자신과 싸우고 또 싸워 가며 나 자신만의 무기를 만들어 가야 합니다. 결코 쉬운 일은 아니지만 해 볼 만한 일입니다. 할 수 있는 일입니다.

10개의 직업

일할 곳이 없다

미래 사회의 변화를 논하고 있는 마당에 현실로 눈을 돌려 보면 우리나라의 청년 실업률은 매우 심각한 상황입니다. 비단 우리나라뿐 아니라 전 세계적으로 기술의 발달과 산업의 변화, 예기치 못한 코로나-19 확산 등 사회 환경 변화의 영향으로 일 자리를 찾는 일이 점점 어려워지고 있습니다. 대한민국의 미래를 책임져야 할 세대가 미래에 대한 준비는 고사하고 현재의 삶도 감당해 내기 어려운 곤경에 처할 수 있다는 것은 미래를 암

울하게 전망하게도 합니다.

상황이 이렇게 된 주요 원인 가운데 하나는 경기 침체 때문이라고 합니다. 일할 사람이 부족한 중소기업은 외면하고 대기업에만 취업하려는 구직자들의 취업 성향과 이러한 노동 시장의 불균형 문제에 이렇다 할 대안을 내놓지 못하고 있는 정부도 청년 실업률 증가에 한몫을 한다고 합니다.

모두 대기업에 취업하려고 하는 대기업 선호 현상은 현재의 교육 시스템과 무관하지 않습니다. 오래전부터 좋은 대학을 졸업해 대기업에 입사하는 것을 최고의 성공으로 생각해 왔기 때문입니다.

이제는 이러한 고정 관념에도 변화의 바람이 불고 있습니다. 열심히 공부해서 좋은 대학에 가면 좋은 직장에 들어갈 줄 알았지만, 대학 졸업자의 수는 엄청나게 늘어났고 이를 감당하기에 대기업의 채용 인원은 턱없이 부족해졌습니다. 최근에는 소위 명문대 졸업자들도 대기업에 들어가기가 어렵다고 합니다.

머지않아 청년 실업률 문제의 중심에 설 현재의 청소년들 입장에서 보면 난감하고 당혹스러운 일입니다. 가정과 사회가 요구하는 틀에 맞추어 매 순간 한눈 한 번 팔지 않고 새벽부터 밤늦게까지 공부했는데 실업이라니요. 청천벽력 같은 소리가 아닐 수 없습니다.

평생직장은 그저 꿈일 뿐

그런데 여기서 끝이 아닙니다. 막상 운 좋게 남부럽지 않은 대기업에 취업했다고 가정해 봅시다. 최선의 노력을 다해서 들어간 그 기업이 내가 일하기를 원하는 기간 동안 아무 변화 없이 존속한다고 장담할 수 있을까요?

상공업계의 권익을 대변하는 단체인 대한상공회의소가 최근 발표한 자료에 의하면, 우리나라 주식 시장에 상장된 약 700개 기업의 평균 수명이 33년에 불과하다고 합니다. 통계청의 기업 생존율 자료는 우리나라 기업의 5년 생존율이 30%에 불과해서 기업이 생겨나면 10개 기업 중 7개는 5년 안에 문을 닫는다고 보고하고 있습니다.

미래 사회에는 상황이 더욱 나빠질 것으로 보입니다. 기술의 진화 속도가 상상을 초월하고 새로운 미래 기업들이 기존 기업들을 위협할 경우, 미래의 기업 수명이 더욱 단축되는 건 분명한 일입니다. 누구나 입사하고 싶어 히는 이띤 대기업이 지금의 청소년들이 취업하게 되는 5~10년 후에는 존재하지 않을지도 모를 일입니다.

또 한 가지 문제는 그 기업이 존재한다고 하더라도 내가 그 기업에서 승승장구하면서 장기간 그 직업을 유지할 확률이 매우 낮아졌다는 사실입니다. 과거에는 많은 어른이 근속 연수 30년을 인생의 훈장이라고 믿으며 '평생직장'의 꿈을 꾸고 살았습니다. 실제로 그 꿈을 이룬 분들이 많았습니다.

그런데 이제는 상황이 아주 많이 달라졌습니다. 치열한 자기 계발과 경쟁에서 살아남기 위한 끊임없는 노력 없이는 평생직장은커녕 하루하루를 살아 내기도 힘든 게 현실이 되었습니다. 기업에서 개인에게 요구하는 직무 역량 수준이 해마다 달라지고 고도화되고 있기 때문입니다.

예를 들어 대학에서 마케팅을 전공한 뒤 대학원에서 고객 관계 분석CRM 관련 학위를 받고 국내의 우수 대기업에 취직한다고 해 봅시다. 입사할 때는 우수한 재원으로 인정받아 미래가 촉망된다는 찬사를 받을지 모르지만, 최근 발전을 거듭하고 있는 빅 데이터 분야에서 뛰어난 경험과 지식을 보유한 데이터 과학자가 회사에 들어오는 순간 입지가 한없이 추락하는 것을 느낄 수 있습니다.

새로운 기술, 새로운 업무 분야가 늘어나면 자연히 직업 주기가 짧아질 것입니다. 게다가 인간의 평균 수명은 하루하루 더 늘어나고 있습니다. 과거에는 50대에 30년을 일한 후 인생의 훈장을 가슴에 달고 퇴직했지만, 그때부터 또다시 살아 내야 할 날이 50년이나 되는 여러분에게 50대의 퇴직은 직업을 옮겨 가는 또 하나의 단계에 불과할 것입니다.

10개의 직업

그러므로 10개의 직업을 가지고 살아야 할 수도 있다는 사실을 받아들여야 할 것 같습니다. 10여 년 전 제가 팀장으로 있던 회사의 팀원들 이야기를 들어 보면 이런 현실이 더욱 실감나게 다가옵니다.

당시 팀원 5명의 근속 연수는 10년 미만에 평균 연령은 34세였는데, 그 후 5년 동안 2명은 통신 분야 연구와 무관한 금융 회사와 게임 회사로 각각 직장을 옮겼습니다. 다른 한 명은 미국 MBA경영학 석사 과정에서 재무 관리를 전공해 회사 내의 투자 관련 부서로 옮겼으며, 나머지 두 사람 중 한 명만 기존 부서에 남고 다른 한 명은 회사를 떠났습니다. 분야를 바꿔 이직했던 2명의 팀원도 그 후로 몇 차례 회사를 옮겼습니다.

내 인생에서 최소한 10개의 직업을 갖게 될 것이라는 사실을 받아들이면, 이제 그 직업들을 어떻게 발굴하고 도전하고 또 전 생애를 통틀어 관리해 나가야 할 것인가는 아주 중요한 문제가 됩니다. 여러분 세대는 평균적으로 대학 졸업 후 최소 50년은 직업을 가지고 있어야 노후를 효과적으로 대비할 수 있을 것입니다. 만약 첫 직장을 대기업에서 시작해 10년을 보낸다면, 습득해야 할 새로운 지식이 쌓이고 회사에서 요구하는 직무 역량에도 많은 변화가 있을 것입니다.

그런데 여기에 아주 성공적으로 대처한다고 해도, 그것으로 버틸 수 있는 기간은 10년이 채 안 될 것입니다. 따라서 자신이 하고 있는 일과 관련해서 늘 자기 계발을 통해 변화의 흐름에 대비하고 새로운 직업을 준비해야 할 것입니다.

행복한 삶을 위해 10개의 직업을 지휘하자

이제 자기 삶의 청사진을 미리 그려 보고 직업과 관련된 전체적인 방향성을 설정하는 것이 필요해졌습니다. 전공과 관련하여 자신의 직업 생활에 주축이 될 분야를 선정하고 그와 관련된 '경력 경로'를 생각해 보아야 합니다.

기업에 취업하려고 한다면 단순히 '나는 회사에 들어가 열심히 일해서 임원이 되는 게 목표야'라고 막연히 생각할 게 아니라 '회사에서 통신 분야의 기술을 익히고 현장 경험을 거쳐 사물 인터넷 분야의 전문가가 될 거야' 등 보다 구체적인 목표를 세우는 것이 바람직합니다.

미래 사회에 큰 변화를 가져올 분야에 대한 지식을 습득하고 자신의 적성·역량·관심에 기초하여 목표를 설정하길 바랍니다. 그렇게 해서 결정한 전공이 전자 공학이나 컴퓨터 공학이라면 틈틈이 관련 서적들을 읽고 매체에서 전해 주는 관련 동향이나 사례들을 찾아보는 일에도 많은 노력을 기울여야 합니다. 좀 더 나아간다면 사물 인터넷 분야 중 특히 관심이 가는 세부 분야를 정해 공부해 보세요. 목표에 조금씩 다가가는 자신을 발견할 수 있을 것입니다.

이러한 작업과 더불어 미래 사회에는 자신의 라이프 스타일이 더욱 중요해질 것임을 고려해야 합니다. 일에서의 성취감이 개인 행복의 전부가 된다고 믿는 것은 시대에 뒤떨어진 생각으로 여겨질 수 있습니다.

직업 선택에서 일과 개인의 삶 사이에 적절한 조화가 이루어지도록 직업 포트폴리오를 구성하는 것이 필요합니다. 일에 몰두해서 경제적으로 안정성을 확보한 후에는 자신의 취향을 좀 더 배려해도 좋을 것입니다.

저와 함께 일하던 유능한 여직원 한 사람은 어느 날 갑자기 휴직을 하고 한국국제협력단KOICA이라는 해외 봉사 단체의 일원이 되어 인도네시아에서 아이들을 가르치는 일을 하고 돌아왔습니다. 그녀는 행복하다고 했습니다.

적어도 100세를 살아가야 하는 여러분에게 평생 한 개의 직업만 가지는 것은 불가능에 가까워졌습니다. 일본의 한 학자는 이제 인간은 적어도 일평생 3개의 직업을 갖게 된다고 주장하고 있습니다. 이른바 인생 3모작인데요. 수긍이 가는 부분입니다. 그러나 그 3모작 가운데서도 우리는 여러 개의 직업 이동을 경험하게 될 것입니다. 우리가 원하지 않아도 환경이 우리를 다양한 직업의 세계로 이끌거나 밀어낼 수 있다는 의미입니다.

일평생을 살면서 앞으로는 10개의 직업에 대해서 경험하는 일이 어렵지 않을 수 있습니다. 그러나 '떠밀려서 하게 되는 경험'이 아니라 여러분이 '적극적으로 탐색하고 즐거운 마음'으로 다양한 직업의 여정을 떠나기를 바라는 마음으로 준비하기를 추천합니다.

10개의 직업을 지휘하려면?

· 직업 분야를 선정한 뒤 경력 경로를 예상해 본다
· 직업 분야에 대한 지식을 습득하고 목표를 설정한다
· 세부 직업 분야를 정해 보다 깊이 공부한다
· 일과 개인의 삶 간에 조화를 꾀한다

사회가 변해도
아이들의 꿈은 늘 같다?

제가 중학교에 다닐 때 선생님이 장래 희망을 써 오라고 하면 많은 아이가 교사, 의사, 변호사, 경찰, 과학자 등을 써냈습니다. 가끔 '그 친구들은 지금쯤 어디서 무엇을 하며 살까?' 하고 궁금해지기도 합니다.

그로부터 30여 년이 지난 오늘날, 여러분의 장래 희망은 무엇인가요? 설문해 보니 교사, 의사, 변호사, 경찰, 과학자, CEO, 대기업 사원, 연예인, 웹툰 작가, 공무원, 요리사 등을 선호하더군요. 대중매체의 발달로 추가된 직업들이 몇 있기는 하지만 저희 세대가 학창 시절에 써낸 직업들과 별반 다르지 않았습니다.

더구나 매스컴에서 들려오는 경제 침체 소식과 안정된 직업을 추구하는 어른들의 영향으로 직업 선호에 대한 '쏠림 현상'까지 나타나고 있습니다. 다수의 학생이 몇 안 되는 자리를 두고 치열하게 다투어야 하니 경쟁률은 얼마나 높을까요? 그 경쟁 속에 있는 여러분은 또 얼마나 힘들고 지칠지 상상이 갑니다.

현재 우리나라 직업의 수는 1만 1,655개, 미국은 3만 654개, 일본은 1만 6,433개라고 합니다. 놀랍지 않은가요? 이렇게 직업이 많은데 많은 학생이 몇몇 직업만 바라봅니다. 미래 사회가 어떻게 변할지 예측되지 않는 상황에서 현재 인기 있는 직업에만 매달리고 있습니다. 직업은 시대 상황에 따라 인기가 있기도 하고 없기도 합니다. 없던 직업이 생기기도 하고 있던 직업이 사라지기도 합니다.

그래서 이제는 직업에 대한 우리의 고정 관념을 바꿔야 하지 않을까 합니다. 1950년대의 타이피스트·전화 교환원, 1960년대의 전차 운전사·버스 안내양, 1970년대의 전당포 업자…, 이런 직업들은 당시에는 인기가 있었으나 지금은 거의 들어 보는 것조차 어렵거나 사라졌습니다.

그렇지만 우리 주위에는 여전히 이런 종류의 일들을 하는 분들이 있습니다. 한편 웹툰 작가, 증강 현실AR: Augmented Reality 기술 관련 직업 등은 생소하지만 사람들의 관심을 끌고 있습니다. 이런 직업들도 기존에 존재하던 직업에서 변화·발전된 것이라고 할 수 있어요.

얼마 전, 학부모들을 대상으로 '자녀 진로 교육'이라는 주제의 강의를 주최한 적이 있습니다. 이 자리에 전국 대학교와 중·고등학교 학생들을 대상으로 올바른 진로 선택을 돕고 밴드 활동을 통해 교사와 학부모에게 다양한 진로 정보를 제공하는 분을 강사로 초빙했습니다. 이분의 강의 중 제 마음에 새겨진 말이 있습니다. 바로 '아이들에게 명사형 꿈보다는 동사형 꿈을 가지게 해 주어야 한다'였습니다.

여러분은 저마다 '중학교 교사가 되겠다', '○○ 대학에 가겠다', '의사가 되겠다' 등 구체적인 직업이나 대학 이름을 언급합니다. 엄청난 경쟁 사회에서 그 꿈을 온전히 이루기란 얼마나 힘들까요?

대신 앞으로 이렇게 이야기하면 어떨까요? '가르치는 사람이 되고 싶습니다', '◇◇을 전공하는 학과에 들어가고 싶습니다', '마음과 몸이 아픈 사람을 도와주는 일을 하고 싶습니다'라고 말입니다. 교사가 아니라도 가르칠 수 있는 일은 많고, 이름난 대학이 아니라도 배움의 기회는 있으며, 의사가 아니라도 심신을 치료해 주는 일은 얼마든지 있습니다.

몇 해 전 수업 시간에 학생들과 꿈 이야기를 나누다가 제가 한 남학생에게 물었습니다.

"커서 어떤 일을 하고 싶은가요?"

"저는 지구의 평화를 지키고 싶습니다."

모두 직업을 이야기하는데 이 남학생은 하고 싶은 일을 말하기에 다시 물었습니다.

"어떻게 평화를 지킬 건데요?"

"아이언 맨이 되어서 지구의 평화를 지키고 싶습니다."

'아이언 맨이 되어서'라는 이 어이없는 대답에 모두 박장대소한 기억이 있습니다.

지금 문득 이 남학생이 떠오른 것은 무엇 때문일까요? 지구의 평화를 지키는 방법은 여러 가지일 것입니다. 오늘날 과학 기술의 발전을 보고 있노라면, 아이언 맨이 되겠다는 말이 영 엉뚱하기만 할까 하는 생각이 들기도 합니다. 만약 값비싼 비용 문제로 아이언 맨이 되겠다던 계획에 실패하면 적어도 민간 구호 단체인 '월드비전' 같은 곳에서 더 좋은 세상을 만들기 위해 노력할 수 있지 않을까 상상해 봅니다.

똑같은 이름의 직업을 좇아가지 말고 내가 하고 싶은 일을 머릿속에 그려 보세요. 그리고 그 일을 조금씩 실천해 보기 바랍니다. 교사라는 직업은 한 개이지만 가르치는 일은 무수히 많을 겁니다. 개그맨이라는 직업은 하나이지만 남을 즐겁게 해 주는 일은 얼마든지 있겠지요.

나의 미래 직업을 위해 중학교 시절을 어떻게 보내야 할지 생각해 보기 바랍니다. 교사가 꿈이라면 친구가 풀기 어려워하는 문제를 가르쳐 주면 어떨까요? 개그맨이 꿈이라면 오락 시간에 친구들 앞에서 재미난 개그를 선보이는 것은요? 위대한 일은 어느 날 갑자기 이루어지지 않습니다.

"카르페 디엠Carpe diem! 현재를 잡아라!"

지금 이 순간에 충실하다 보면 훌쩍 자란 여러분의 모습이 기다리고 있을 겁니다. 과거와 현재, 미래는 따로 떨어진 시간이 아니라 연속적인 것입니다. 여러분의 과거가 현재에 있다면, 여러분의 미래는 바로 현재에 있습니다.

PART **3**

....

나의 미래를
찾아서

지금은 사라진, 그리고
곧 사라질 직업들

최근 미국에서 가장 적극적으로 로봇과 인공 지능 기계를 도입하여 일자리 자동화에 속도를 내고 있는 직종은 어떤 분야일까요? 최첨단 IT 회사일까요, 아니면 대기업 공장일까요? 정답은 바로 요식업계랍니다.

미국 노동청에 따르면 최저 임금을 받는 노동자의 대부분이 웨이터나 주방 보조 등 음식 서비스업에 종사한다고 합니다. 2013년 당시 이들의 임금은 시간당 7.25달러였는데요. 하루 8시간씩 20일을 일해도 1,160달러, 우리나라 돈으로 환산하자면 130만 원이 채 되지 않는답니다. 최근인 2019년부디 샌프란

시스코를 비롯해 일부 지역에서 이들의 최저 임금 수준을 시간당 11달러로 올리기 시작했고 더 나아가 15달러까지 두 배 이상 올리려는 움직임이 일어나고 있어요. 근로자 입장에서는 희소식이지만 인건비를 지불해야 하는 가게 사장님들은 울상이 되었습니다. 최저 임금 수준이 높아져 인건비가 상승할 것이기 때문이죠. 그래서 레스토랑 운영자들이 일자리 자동화에 가장 적극적으로 동참하는 현상이 벌어지고 있습니다.

일자리의 자동화와 관련하여, 영화 〈해리 포터〉 시리즈의 촬영지로 더욱 잘 알려진 옥스퍼드 대학교에서는 여러분이 성인이 되었을 때 마주할 일자리의 모습을 연구하고 있는데요. 최근 다소 충격적인 연구 결과를 공개했습니다. '고용의 미래'라는 제목의 보고서에 따르면, 2020년까지 200만 개의 직종이 생겨나지만 반대로 710만 개의 직종은 사라질 거라고 했습니다. 마치 옥스퍼드 대학교에 해리 포터가 나타나 마법을 부린 것처럼, 우리 주변에서 일상적으로 만나던 직업이 사라지고 있으며 이러한 변화는 현재 진행형입니다.

옥스퍼드 대학교만 이러한 연구 결과를 내놓는다면 내심 "아닐 거야" 하고 외쳐 볼 수 있겠지만, 세계적으로 저명한 석학들도 유사한 의견을 내고 있습니다. 매년 1월 스위스의 다보스에서 개최되는 세계경제포럼WEF: World Economic Forum의 창립자이자 회장을 맡고 있는 클라우스 슈밥Klaus schwab도 비슷한 말을 했는데요. 심지어 옥스퍼드 대학교가 발표한 내용은 최소한으로 예측한 결과일 뿐, 실제로 2020년이 되었을 때 사라진 직업은 더 많을 수 있다고 언급했습니다.

손꼽히는 저명한 경제학자 중 한 명인 제러미 리프킨Jeremy Rifkin은 그의 책《노동의 종말》에서 과학 기술이 발전하면서 생기는 자동화는 피할 수 없는 과정이고, 그 과정에서 실업이라는 문제는 언제나 발생해 왔다고 말합니다. 증기 기관을 발명하면서 시작된 영국의 산업혁명 이후 일부 직종은 항상 역사의 뒤안길로 사라지고 있었다는 것입니다. 그는 미국에서만 매년 200만 개의 직종이 사라지고 있다고 밝혔습니다. 매일매일 다람쥐 챗바퀴 돌듯 똑같은 일상을 살고 있다고 생각할 수 있지만 매시간, 매분, 매초 세상은 변하고 있다는 것을 시사합니다.

그렇다면 우리나라는 이러한 직업 감소 현상에서 안전할까요? 세계 3대 컨설팅 회사 중 하나인 보스턴컨설팅그룹BCG은 우리나라를 로봇에 의해 일자리가 줄어드는 비율이 가장 큰 나라일 것으로 예측합니다. 이 말은 전 세계적으로 직업과 직종이 감소하는 추세에서 우리나라도 결코 지유로울 수 없다는 것을 의미하지요. 그렇다면 '지피지기 백전불태'의 정신으로 우리나라에는 어떠한 직업들이 있는지 자세히 살펴보고, 외국에서는 어떤 업종들이 사라질 위험에 처해 있는지 알아보겠습니다.

한국직업정보시스템에 따르면 우리나라의 직업군은 다음의 9개로 나뉩니다.

우리나라의 직업군	
①	관리·경영·금융·보험
②	교육·연구·법률·보건
③	사회 복지·문화·예술·방송
④	운송·영업·판매·경비
⑤	미용·숙박·여행·스포츠·음식
⑥	건설·기계·재료·화학·섬유
⑦	전기·전자·정보 통신
⑧	식품·환경·농림어업·군인
⑨	녹색 직업

이 9개의 직군을 간략하게 소개합니다.

우선 ① 관리·경영·금융·보험직은 TV 뉴스를 통해 접할 수 있는 국회 의원과 CEO를 비롯해 각 기관의 장을 포함한 기업의 관리자, 경영 컨설턴트, 회계사, 세무사, 마케팅 전문가, 투자 분석가, 신용 분석가 등 주로 회사나 기관을 운영하거나 금융 관련 업무를 하는 직종입니다.

② 교육·연구·법률·보건직은 교수, 연구원, 교사 등 학생들이 진로를 선택하거나 학업을 정진하는 데 도움을 주는 전문 교육사, 과학 탐구 정신으로 미지의 것을 연구하는 데 관심이 있는 연구자, 판사·변호사·검사 등 법률 분야 및 의사·간호사 등 의료 분야에 종사하는 전문가로 구성된 직종입니다.

③ 사회 복지·문화·예술·방송직은 일상에 여유와 희망을 가져다주는 직종이라고 생각하면 이해가 쉬운데요. 사회봉사자, 목사, 신부, 승려를 비롯해 시인, 사진작가, 가수 등 다양한 직업이 있습니다.

④ 운송·영업·판매·경비직은 여러분이 직접 찾아가지 않아도 물건을 받을 수 있도록 배송해 주는 택배원, 영화를 보러 갔을 때 만나 볼 수 있는 매표원, 영화가 끝난 후 집으로 돌아가는 길에 우리의 안전을 지켜 주는 경비원 등이 이 직종에 해당합니다.

⑤ 미용·숙박·여행·스포츠·음식 직종은 미용업과 숙박업에 종사하는 사람들이 포함되고 경기 심판, 레크리에이션 강사, 관광 통역사를 비롯해 최근 '먹방'과 '쿡방'으로 유명해신 조리

사를 포함합니다.

⑥ 건설·기계·재료·화학·섬유직은 건설사, 로봇 공학 기술자, 나노 공학 기술자, 재단사 등 우리의 의식주 중 먹을 것과 잘 곳을 담당하는 전문가라고 볼 수 있어요.

⑦ 전기·전자·정보 통신직은 우리가 항상 옆에 두고 있는 모바일, 인터넷과 TV를 이용할 수 있도록 도움을 주는 이들이 종사하는 직종입니다.

⑧ 식품·환경·농림어업·군인직은 농업·어업 등 1차 생산자와 군인을 포함하고 있습니다.

마지막으로 ⑨ 녹색 직업은 기후 변화 전문가, 대기 환경 기술자 등 푸른 지구를 유지하게 위해 환경 보호에 힘을 쏟는 직종입니다.

9개의 다양한 직업군을 접하면서 여러분은 어떤 생각을 했나요? '이렇게 많은 직업군 중에 내 직업 하나 없겠어?', '로봇으로 대체되어도 많은 직업이 남아 있겠네' 하고 생각했을지 모릅니다. 어떤 직업을 가질지 막막했거나 자신이 꿈꾸는 직업이 어느 직업군에 속하는지 궁금했다면 도움이 됐으리라고 봅니다.

하지만 전 세계의 직업 변화를 가리키는 시계의 초침은 빠르게 움직이고 있습니다. 이 직업들 중 어떤 직업이 사라질지는

10대가 알아야 할 미래 직업의 이동

정확히 말할 수 없지만, 이러한 변화가 예상보다 빠르게 일어나고 있는 것만은 분명한 듯합니다.

세계 최대의 전자 제품 제조 회사로 '세계의 공장'이라는 수식어가 붙는 대만의 폭스콘은 2016년 5월 직업 세계에 파란을 일으킬 결단을 내립니다. 바로 제조 공장의 생산 공정에 로봇을 도입함으로써 총 11만 명에 달하는 제조 인력을 5만 명으로 감축한다는 것이었는데요. 이로써 6만 명에 해당하는 이들이 하루아침에 실직자가 되어 버렸습니다.

폭스콘의 선택에 대해 우리는 '제조 인력의 45%라도 남게 돼서 다행이다'라고 생각해야 할까요, 아니면 '일자리를 잃은 55%의 사람들은 회사 측에 따져야 한다'라고 생각해야 할까요? 폭스콘의 결정에 대한 가치 판단을 하기도 전에, 폭스콘의 최고 경영자인 궈타이밍은 자동화 로봇이 폭스콘 전체 제조 공정의 70%를 담당할 것임을 언론 인터뷰를 통해 당당히 밝혔습니다. 문자 그대로 첩첩산중입니다.

2020년대를 사는 우리에게 잘 알려진 IT 기업인 아마존의 상황은 우리를 조금 더 놀라게 합니다. 2019년 도입한 인공 지능을 통해서 일의 생산성이 떨어지는 직원을 '해고'하는 데이터를 얻고 있다는 것입니다. 실제로 아마존의 볼티모어 물류 센터 식원들이 매년 인공 지능의 '결정'에 의해 일자리에서 떠나게 되었습니다. 휴식을 너무 오래 했다거나, 정해진 시간 안에 물건을 이송하지 못했다거나 하는 것이 수치로 계산되어 인공 지능 '해고자'의 리스트에 이름을 올리는 것입니다. 물론 아마존은 모든 것을 인공 지능이 결정하는 것은 아니라고 해명하고 있지만, 일자리에서 이루어지는 모든 일을 인공 지능이 감시하고 있다는 사실을 오히려 부인할 수 없게 한 사례이기도 합니다.

폭스콘과 아마존의 사례만 보고 육체노동을 하는 블루칼라 계통의 직종만이 로봇과 인공 지능 로봇에 노출되어 있다고 생각하면 큰 오산입니다. '유엔 미래 보고서 2045'에 따르면, 2045년경 인공 지능 기술에 의해 대체될 가능성이 높은 직업으로 의사, 회계사 등과 함께 변호사가 꼽힙니다. 이들은 사무직 종사자를 대표하는 화이트칼라의 주요 직종인데요. 미국에서는 실제로 그 변화가 눈에 띄게 나타나고 있습니다.

미국의 대형 로펌인 베이커&호스테틀러는 창립 100주년을 맞이한 2016년에 역설적인 계약을 체결했습니다. 바로 초당 10억 장의 법률 문서를 읽고 분석한 뒤 판단할 수 있는 인공 지능 변호사, 로스ROSS를 사용하는 계약을 체결한 것입니다. 역사적인 로펌의 100주년이 인공 지능 변호사 취업의 원년이 될 줄

누가 예상이나 했을까요? 여기서 멈추지 않고 2020년 2월 〈뉴욕타임스〉는 로봇 변호사의 등장을 소개한 바 있습니다. 로어 연구원은 미국의 대형 로펌과 계약을 하고 본격적으로 법률 서류에서부터 계약서 체결에 이르는 복잡도가 높은 법률 업무까지 수행할 수 있는 법률 로봇이 시험 중에 있다고 합니다. 조만간 간단한 소송은 로봇 변호사를 통해서 처리하는 일이 낯설게 느껴지지 않을 것 같네요. 이처럼 변화의 속도는 빠르고 범위는 광대합니다.

미래에 주목받을 직업의
주요 특징

최근 인공 지능이 뜨거운 감자로 부상한 것과 관련하여, 미래에는 지금은 상상할 수도 없는 직업군이 등장할 것이라는 예측이 이어지고 있습니다. 대표적으로 《인간은 필요 없다》라는 책을 집필한 스탠퍼드 대학교의 법정보학센터 제리 카플란^{Jerry Kaplan} 교수 역시 이러한 주장에 적극 동의하고 있습니다.

그에 따르면 1800년대 미국에서는 국민의 90% 이상이 농업 인구였다고 해요. 여러분이 역사 책에서 마주한 개화기 당시 조선을 떠올려 보면, 대부분 모시옷 차림에 바지를 반쯤 걷어 올린 농사꾼의 모습이 선명하게 기억날 겁니다. 동서양을 막론하고 당시 기술로는 농업이 주류 산업이었다고 할 수 있죠.

그러나 서양에서 발발한 산업혁명을 계기로 사람들이 살아오던 생활관이 180도 변했습니다. 인간이 하던 일을 기계가 대체할 수 있게 되었고, 일거리가 없어진 인간은 생존을 위해 새로운 영역을 개척하며 기존에 없던 직업군을 만드는 과정이 반복된 것입니다. 대표적인 예가 바로 컴퓨터의 발명인데요.

컴퓨터가 발명된 후, 주판을 활용하여 회계를 담당하던 경리처럼 단순한 계산만 담당하던 직업군이 사라지게 되었습니다. 대신에 프로그래머, 게임 개발자 등 컴퓨터를 기반으로 한 신규 직업군이 탄생했습니다. 컴퓨터의 등장을 통해 사라지고 또 새롭게 나타난 직업의 사례를 살펴보면, 10년 후 미래 직업의 모습을 상상해 보는 것이 그리 어려운 일은 아닙니다.

무엇보다도 앞으로 다가올 미래 직업의 모습을 정확하게 그리고 대응하기 위해 몇 가지 질문에 대한 해답을 찾아보는 준비가 필요합니다.

- 무엇이 미래를 변하게 할 것인가?
- 미래에 필요한 직업은 무엇인가?
- 우리는 어떤 준비를 해야 할 것인가?

첫 번째 질문인 '무엇이 미래를 변하게 할 것인가?'를 먼저 살펴보죠. 혹시 떠오르는 해답이 있나요? 이 질문은 '미래에 영향을 미치는 것은 무엇인가?'로 쉽게 풀어 말할 수 있습니다. 미래에 영향을 미칠 가장 강력한 동인으로 대부분의 학자가 힘주어 말하는 것은 바로 '인공 지능과 ICT'로 요약되는 기술의 발전입니다. 인공 지능이 10년 후 인간의 모든 일을 대체할 수는 없으나, 인간의 삶에 '도우미'로서 많은 역할을 차지할 것이라는 의견이 있습니다.

그 예로 일본에서는 인간의 모습을 닮은 '휴머노이드'라는 로봇이 시판되어 도우미 역할을 수행하고 있습니다. 휴머노이드 로봇 중에서 손정의 회장이 이끄는 업체인 소프트뱅크가 출시한 페퍼Pepper라는 로봇이 대표적인데 약 200만 원에 판매되고 있습니다. 뿐만 아니라 침대나 휠체어에 있는 환자의 이동을 보조하는 로봇유리나. 로직머신과 아이언 맨처럼 로봇 슈트를 이용하여 환자의 재활 치료에 도움을 주는 로봇HAL. 사이버다인, 몸이 불편한 환자들의 식사를 챙겨 도와주는 로봇마이스푼. 세콤 등이 일상생활에서 사람들의 삶을 윤택하게 하는 데 기여하고 있습니다. 이러한 도우미로서의 로봇과 인공 지능의 발전은 현재 두세 명의 물리치료사, 간호조무사, 환자 돌보기 등의 업무를 대체하고 있지

10대가 알아야 할 미래 직업의 이동

만, 10년 후에는 이러한 대체가 더욱 활발하게 이루어질 것이라는 예측이 일반적입니다.

두 번째 질문인 '미래에 필요한 직업은 무엇인가?'에 대해서도 한번 알아볼 텐데요. 먼저 10년 후 미래에 주목받을 직업의 주요 특성에 대해 짚고 가겠습니다.

고령화의 위기와 직업의 기회

미래 사회를 전망할 때 빼놓고 생각할 수 없는 것이 바로 고령 사회로 진행되는 속도가 빨라지고 있다는 점입니다. 해리 덴트Harry Dent라는 미국의 경제학자는 《2018 인구 절벽이 온다》라는 저서에서 세계는 생산 가능 인구가 감소하는 인구 절벽의 시대를 직면하고 있다고 주장한 바 있습니다. 그의 주장은 실제 생활에서 증명되고 있는데요. 우리나라의 경우 2020년부터는 새로 태어나는 신생아 수보다 65세 이상의 인구수가 더 많은 지경에 이르게 되었습니다. 고령화 시대로 진입하는 속도가 더 빨라진다는 것을 의미하는 통계 분석이죠.

이 인구 절벽은 생산력이 감소하는 반면, 우리 사회가 배려하고 지원해야 할 고령 인구는 오히려 늘어난다는 문제가 있습니다. 더불어 고령 사회 진입에 따른 직업군도 자연스레 새롭게 조명되고 있으며, 국가 역시 필요한 직업군에 대한 지원 정책을 확대할 전망입니다. 즉, 고령 사회에 진입한 대한민국에서 살아가야 하는 현재의 청소년들은 미래에 유용한 직업에 대해 기존과는 다른 관점을 가져야 합니다.

2009년 발표된 유엔의 '세계 인구 고령화 1950~2050 보고서'에는 호모 헌드레드Homo Hundred라는 표현이 등장했습니다. 그 뜻을 살펴보면 인류의 평균 수명이 100세를 돌파할 것이라는 의미입니다. 더구나 2000년대 이후 출생한 인류는 120세를 평균 수명으로 보아야 한다는 설까지 나오고 있습니다.

고령화는 두 가지 의미에서 위기라고 볼 수 있습니다. 하나는 현재의 청소년들이 짊어지고 가야 하는 미래 사회는 고령층이 다수라는 것이고, 또 하나는 지금의 청소년들도 꽤 많은 나이까지 생존해야 하므로 경제적·심리적 안정을 줄 수 있는 직업을 지속적으로 발굴해야 한다는 것입니다.

'한게임'과 '카카오'의 창업자인 김범수 의장은 이와 동일한 맥락으로 "평생 직업 하나로 살아가는 시대가 끝나 가고 있다. 이제는 직업이 아닌 업業의 시대이다"라는 말을 했습니다. 넓은 의미에서 '평생 동안 할 일'을 찾아야 한다는 의미인데요. 예를 들어 의사가 되고 싶은 청소년이 있다면 시야를 넓힐 필요가 있습니다. 의사라는 하나만의 직업을 선택하는 게 아니라 '병을 치료하는 일'과 더불어 이를 통해서 사람들에게 도움을 주고 싶은 일을 업으로 삼는다고 생각해야 할 것입니다. 환자를 위해서 수술을 하거나 DNA를 분석하여 병을 예방하도록 돕거나 연로하신 어르신들의 치료를 돕는 의료 로봇을 개발하는 등 더 다양한 영역으로 평생의 직업을 찾아갈 수 있을 것입니다. 그 과정을 통해 의료 분야에서 새롭게 떠오르는 직업들에 관심을 가지고 전문가로서 이바지할 수 있는 경험을 더 많이 하도록 평생 노력해야 합니다. 이러한 지속적인 노력은 불가피하게도, 인공지능 등 신기술로 인해 직업이 사라지거나 변화를 겪는 21세기를 살아가는 청소년들의 숙명이자 도전 과제라는 것을 이해하는 것이 필요하답니다.

그러나 한편으로는 새로운 기회이기도 합니다. 직업의 '은퇴'가 '정년'이라는 제도에 의해서 주어지는 것이 아니라, 여러분 자신이 '은퇴'의 시기와 방법을 주도적으로 이끌 수 있다는 의미입니다. 이는 여러분이 시대가 요구하는 변화에 유연하게 적응한다면, 평생 해당 분야 전문가로서 '업'의 즐거움과 보람을 찾을 수 있을 것입니다.

지금 부모님 세대처럼 일생 한두 개의 직업으로 제한되지 않고, 다양한 직업의 경험과 이동을 통해서 자신의 삶을 더욱 적극적으로 개척할 수 있게 되는 것이죠. 바로 여러분이 지금부터 미래의 직업에 대해서 어떤 관심을 가지고 노력을 하느냐에 따라 미래의 모습이 무척이나 달라질 수 있다는 사실을 꼭 기억해 주기 바랍니다.

데이터의 폭발과 직업의 기회

미래 사회의 또 하나의 특징으로, 데이터가 폭발적으로 증가할 것입니다. 현재 주목받는 인공 지능도 데이터를 정확히 분석하여 얻어 낸 함수의 값이라고 말할 수 있습니다. 함수라니, 벌써부터 머리가 아파 오는 것 같은데요. 과거 컴퓨터가 처음 발명되었을 때는 영문 몇 줄을 번역하는 작업에도 컴퓨터의 용량이 부족해서 다른 작업을 할 수 없을 정도였습니다. 그야말로 '토끼와 거북이' 이야기에서 거북이의 속도로 데이터가 처리되었습니다.

그러나 수십 년이 지난 지금, IBM에서 개발한 슈퍼컴퓨터 왓슨Watson은 200만 쪽의 의학 저널을 순식간에 분석하여 환자의 병명을 진단하고 있습니다. 심지어 노련한 의사보다도 높은 정확도를 보이는 수준까지 발전했죠.

실제로 일본에서는 최근 인공 지능으로 목숨을 구한 환자가 최초로 등장했습니다. 2015년 1월 도쿄 대학교 부속 병원에 입원해 급성 골수성 백혈병 진단을 받은 60대 여성이 그 주인공입니다. 그녀는 병원 의사들로부터 수개월간 항암 치료를 받았지만 상태가 더욱 악화되었습니다. 이때 왓슨은 10분 만에 이 환자에게 급성 골수성 백혈병뿐 아니라 2차성 백혈병이라는 또 다른 질병이 진행되고 있다는 진단과 함께 다른 항암제를 사용할 것을 제안했습니다. 그 결과 그녀는 입원 8개월 만에 퇴원할 수 있었다고 합니다.

인공 지능이 처음 등장했던 1956년만 해도 알고리즘이나 기술의 부족보다도 분석할 데이터와 컴퓨터 용량이 문제가 되었습니다.

그러나 컴퓨터와 데이터 저장 기술이 발전하면서 이제 데이터를 쉽게 확보하고 분석하여 우리에게 필요한 의사 결정에 즉각적으로 도움을 받을 수 있는 세상을 살고 있죠. 물론 10년 후에는 더욱 발전한 데이터 분석 기술이 등장할 것입니다. 이것이 여러분에게는 기회가 될 수 있습니다. 10년의 준비를 통해서 데이터에 친숙해질 수 있다는 의미이지요.

미래가 어떻게 올지 모르는 사람에게 미래는 어둠이지만, 아는 사람에게는 빛이 되는 법입니다. 20세기에는 영어 조기 교육이 필요한 세계화 시대를 살았다면, 21세기에는 데이터 조기 교육을 통해서 데이터와 관련된 의학·법학·교육·건축·농업 등 다양한 융합 분야의 새로운 직업이 기존의 자리를 대체할 것입니다. 이를 위해서는 데이터를 자유롭게 사용하도록 도움을 주는 다양한 관련 교육 프로그램에 적극 참여해야 합니다.

환경 오염 위기와 직업의 기회

미래 사회를 전망하는 학자들이 공통적으로 우려하는 사항은 기술의 발전으로 자연환경과 생태 환경 등이 파괴되리라는 것입니다. 실제로 자동차의 대량 생산과 산업혁명의 여파로 수많은 공장에서 뿜어져 나오는 미세 먼지 등이 우리의 건강을 위협하고 있습니다. 또한 다양한 전자제품의 개발로 전력을 생산하는 발전소의 건설도 확대되면서, 환경 오염의 또 다른 주범으로 우려를 낳고 있죠.

그렇다면 기술의 발전은 필연적으로 환경 파괴를 가져올까요? 기술 발달이 반드시 환경 오염으로 직결되는 것은 아니랍니다. 한 희망을 그린 에너지Green Energy 사례로 알 수 있습니다. '스마트 에너지'라고도 불리는 이 기술은 환경 오염의 주범인 석탄 원료 대신 재생 에너지를 발굴하고 대체하여 물, 바람 같은 천연자원과 IT를 융합한 새로운 에너지원을 활용하는 기술입니다. IT를 잘 활용해 불필요한 환경 파괴를 줄이고 신규 일자리를 창출하는 좋은 사례라고 할 수 있지요.

이러한 환경 개선 분야가 향후 지속적으로 성장 가능한 직업군 중 하나입니다. 지구의 자원을 소중히 여기고, 지구가 쉴 수 있는 환경을 조성하고 가꾸는 것 역시 미래 사회에서 중요하게 다루어야 할 영역이기 때문입니다.

이처럼 미래에 주목받을 직업의 핵심적인 특징을 이해하고 다음 장에서 구체적인 직업군을 살펴본다면, 어떤 준비를 통해 10년 후 사회에 필요한 인재로 성장하고 사회·가정에 기여하는 직업을 찾을 수 있을까 하는 논의도 어렵지 않게 이어 갈 수 있습니다.

미래 직업의 분류

'미래 사회는 어떻게 변화할 것인가'에 대한 궁금증을 해소하기 위한 탐험은 오래전부터 시작되었습니다. 그중 미래창조과학부 미래준비위원회가 발간한 보고서인 '10년 후 대한민국 이제는 삶의 질이다'에서는 미래 사회와 관련된 직업을 다음의 15개 범주로 나누어 보고 있습니다.

- 의료
- 교통
- 식품
- 공공 서비스
- 가정
- 자원
- 통신
- 치안 및 생활 안전
- 재난 및 재해
- 사회관계
- 주거
- 환경
- 문화
- 교육
- 사회 구조

설명하자면 우리는 미래에 주로 이 15개의 범주에서 생활하게 될 것이며, 그 범주 안에서 직업을 갖게 될 것이라는 의미이기도 합니다.

미래의 '나의 직업'을 찾아가는 여정에 보다 구체적으로 접근하기 위해 이 15개의 범주를 크게 네 가지로 묶어 설명하고자 합니다.

10대가 알아야 할 미래 직업의 이동

- 의사·법률가 등 고도의 지식으로 사람을 대하는 직업
- 항공사·건축가·공학자 등 기술적 이해도가 높은 직업
- 미술가·음악가·방송인 등 예술적이고 엔터테인먼트적 감각이 뛰어난 직업
- 환경 보호가·사회 복지사 등 더불어 사는 삶에 관심이 높은 직업

물론 의사이면서 가수를 하는 등 범주를 교차하는 직업을 가지는 이들도 있지만, 여러분이 하고 싶은 일들 중 가장 중요하게 생각하는 영역의 직업군을 중심으로 미래의 직업을 탐구하는 여정을 떠나 보겠습니다.

지식 중심 직업의 미래

10년 후 가장 인기 있는 직업은 무엇일까요?

지난 수십 년 동안 인기가 많았던 직업은 의사, 법률가, 교사 등 주로 전문적인 지식을 다루는 직업이었습니다. 여기서 '인기'는 그러한 직업을 가지면 경제적으로 넉넉하고 사회적으로 존경의 대상이 된다는 의미이기도 합니다. 달리 말하면, 지금까지는 전문 지식을 축적한 직업이 좋은 직업이라고 인정받아 온 셈입니다.

그렇다면 미래의 사회에서도 이 같은 직업이 계속 주목을 받을까요?

의료 · 보건: 사람의 생명을 다루는 업의 혁신

먼저 의사를 예로 들어 보겠습니다. 현재 의사는 환자를 진단하고, 관련 의료 영상을 해독하며, 적절한 치료법을 제시하고 필요에 따라서는 수술을 하는 등 환자의 질병 예방과 진단, 치료에 절대적인 역할을 하고 있습니다.

그러나 앞서 소개했듯 인공 지능이 탑재된 왓슨이라는 의료용 컴퓨터가 의사 대신 암을 진단하고 치료법을 제시하는 데 활용되고 있다는 점은 시사하는 바가 큽니다. 의사 또한 기계와 인공 지능에 의해 대체될 수 있다는 가능성을 보여 준 셈이죠. 왓슨을 통한 치료 효과도 커서 숙련된 의사의 오진률보다 낮다고 합니다. 또한 초진 시에 병명을 정확히 진단하는 데 높은 적중률을 보이고 있고요. 결국 의사의 업무 중 일부가 기술의 발달로 인공 지능 또는 인공 지능이 탑재된 로봇에 의해 대체될 것이라는 전망이 힘을 얻고 있습니다.

그렇다면 미래의 의사는 어떤 역할을 하게 될까요? 현재 의사가 하는 업무의 대부분이 환자인 '사람'을 대하는 일이라면, 미래의 의사는 데이터를 다루는 '컴퓨터'를 대하는 일이 보다 늘어날 것입니다. 환자의 유전자 분석을 통해 어떤 질병이 발생할지 예측하고, 사전에 대비하게 도와주며, 로봇을 통해 수술을 하고, 환자를 직접 만나지 않고도 원격이나 가상 현실 등을 통해 진단하고 치료하는 '데이터 활용 의료'가 더욱 일반화될 것입니다. 때로는 멀리 있는 환자의 응급 치료를 위해 환자 옆에 있는 로봇을 원격으로 조정하여 심폐 소생을 하는 날이 올 수도 있겠죠.

현재의 의사들이 '의학의 아버지'라 불리는 히포크라테스의 선서에 맹세하며 '인간의 생명을 구하고 인류 봉사에 생애를 바칠 것'을 다짐하듯이, 미래의 의사들도 그러하겠으나 이를 실행하는 방법은 달라질 것 같습니다. 미래의 의료진은 아무래도 지금까지의 방식과 달리 로봇, 인공 지능 등 최첨단 ICT를 활용해 인간의 생명을 구하는 지식에 보다 많은 시간을 들이고 준비해야 합니다. 마치 19세기 초 마부가 손님을 목적지까지 모시기 위해 말을 다루며 마차를 몰다가, 자동차가 등장하자 운전법을 배우게 된 것과 유사해 보입니다. '업의 본질'은 변하지 않는 대신 '업의 방식'은 달라져, 그에 적응하기 위한 인간의 노력이 끊임없이 필요해졌다고 설명할 수 있지요.

시대를 거쳐 오면서 업의 본질은 유지되어도 업의 방식은 언제나 달라져 왔고, 우리 인간은 부단히 이에 도전해 왔습니다.

미래의 직업을 찾아가는 여정에서 의료 분야에 관심이 높다면 다양한 빅 데이터 분석과 딥 러닝Deep Learning 기술로 얻은 정보를 활용해 환자 한 명 한 명에게 맞춤 의료를 제공하는 시대를 적극 준비해야 할 것입니다. 미래의 의사는 인체 해부를 하는 실습 현장보다 유전체를 분석한 컴퓨터 화면을 더 많이 접할지도 모르는 일입니다.

의료 활동 중에 빠질 수 없는 부분이 약 처방에 따른 투약과 관리입니다. 지금의 약사는 의사의 처방전에 따라 기존에 출시된 약의 범위 안에서 조제를 하고 있습니다. 약물이 오·남용될 가능성을 막는 반드시 필요한 직업입니다. 그렇다면 미래의 약사는 어떤 일을 하게 될까요?

처방전에 따른 약을 약국에서 조제하고 판매하는 약사는 찾아보기 어려울 수 있습니다. 오히려 개인별 유전체 분석을 토대로 한 약물 반응을 고려하여 개인 맞춤형 약을 제조하는 약사가 필요하게 될지 모릅니다. 환자들의 약물 부작용을 최소화할 수 있고, 보다 안전한 약물 복용 환경을 마련하게 되는 것입니다. 이를 위해서 미래의 약사는 화학에 대한 기존의 지식과 더불어 개인의 의료 빅 데이터를 분석하여 맞춤형 조제를 하는데 필요한 새로운 지식을 습득해야 합니다.

더불어 3D 프린팅 기술 등의 발달로 의료계에는 신종 직업들이 줄지어 탄생할 것입니다. 대표적으로 바이오프린팅Bioprinting을 통해서 인공 장기나 인체 조직을 만드는 인공 장기 개발자가 등장할 수 있습니다. 고령화 국가로 접어들고 있는 우리나라에 필수적인 직업이죠. 노화에 대비해 골격 기능의 향상을 연구하는 의료진이 제어 계측 공학이나 기계 공학 전문가에서 나올 가능성도 높습니다. 또한 재활이나 치매 치료에 도움을 주는 의료 로봇 개발도 기대되는 의료 분야이기도 합니다.

이처럼 의료 분야의 미래는 고령화 시대의 흐름에 발맞춰 융합적인 지식을 바탕으로 한 스마트 헬스Smart Health 시장으로 자연스럽게 연결될 것입니다.

법률: 사후 관리에서 범죄 예방으로 변화하는 업

다음으로는 셰익스피어의 희곡 〈베니스의 상인〉 속 합리적인 재판관 '포샤'가 떠오르는 법률가 영역을 살펴보겠습니다. 법률가라고 하면 판사, 검사, 변호사 등을 들 수 있습니다. 문득 '법' 하면 머릿속에 떠오르는 몇 가지 이미지가 있을 텐데요. '함무라비 법전' 또는 한 아이를 두고 두 모친이 등장해 소송하는 이야기인 '솔로몬의 지혜' 등을 쉽게 생각해 낼 수 있을 겁니다.

더불어 두꺼운 법전만큼이나 무게감 있고 지식이 풍부해야 하는 판사, 검사, 변호사의 이미지 역시 떠오를 것입니다. 공정한 판결을 내리기 위해 현혹되기 쉬운 두 눈은 가리고 왼손에는 벌을 징벌하기 위한 장검을, 오른손에는 균형 잡힌 자세로 심판하겠다는 의지를 담은 저울을 들고 있는 '정의의 여신상'도 대표적이죠.

우리는 이러한 법률가가 되려면 엄청나게 많은 시간과 노력을 거쳐야 한다는 것을 잘 알고 있습니다. 수천 년간 인간의 발자취가 만들어 놓은 사상을 기반으로, 정의를 판단하고 형량을 정하거나 배심원을 설득하고 증거를 제시하는 등의 일에 필요한 지식을 갖추어야만 하죠. 최근에는 기업 간의 분쟁이 증가하면서 정의보다는 상호 이익에 법적 지식이 활용되는 경우도 많습니다. 대표적인 예로 애플과 삼성 간의 소송 등 첨단 기업들 사이에 벌어지는 특허 소송을 들 수 있습니다.

그렇다면 미래의 법정은 어떤 모습일까요? 지금까지는 '법리 싸움'이라 할 만큼 어떤 소송이 발생하면 법관들이 다양한 법률서와 유사한 판례를 찾는 데 많은 시간을 할애했습니다. 같은 맥락에서 경험이 풍부한 변호사들의 승소율이 높은 것도 기존 판례에 대한 이해도와 지식이 많이 축적되었기 때문이라고 볼 수 있죠.

그러나 이제 인공 지능의 도움으로 법률 전문 로봇이 등장할 날이 멀지 않았습니다. 수십 명의 법조인이 수개월을 찾아야 하는 전 세계 판례들을 단 몇 시간 만에 찾아내 의뢰인 앞에 가져오는 시스템이 탄생할 것입니다. 인공 지능이 등장하는 4차 산업혁명 시대에 가장 먼저 사라질 직업군 중 뜻밖에도 '지식의 총아'인 판사가 속해 있는 사실이 이해가 되는 대목입니다.

인터넷이 보급되기 전에는 정보가 소수 지배 계층의 특권이었지만 인공 지능 등 고도화된 데이터 분석 기술이 보편화되면 그전까지 지식의 축적과 관련된 직업들이 누리던 기득권은 사라질 수 있습니다. 그렇다면 앞으로 어떤 소송이 발생하면 인공 지능 로봇 판사님이 등장하게 될까요?

전문가들은 로봇이 발달하더라도 '정상 참작' 등 인간만이 할 수 있는 법적인 구제 영역은 여전히 필요하다고 전망합니다. 즉 교통 위반이나 쓰레기 투기 같은 단순한 판결까지 판사가 하는 시대는 지나고, 보다 복잡하고 고차원적이며 윤리적인 쟁점을 다루는 데 인간의 역할이 강화될 것이라는 의미입니다.

즉 스포츠 경기에 고화질 카메라가 도입되면서 라인을 넘는 공을 판독하기가 쉬워진 반면, 교묘한 파울이나 스포츠 정신의 위배 등을 판단하는 것은 여전히 심판의 역할로 남겨진 것과 유사하지요.

일상적인 범죄에 대해 기술적으로는 향후 10년 안에 로봇이 판례를 검토하고 형량을 결정할 수 있게 될 것입니다. 1초에 수천 가지 판례를 제시하고 프로그래밍에 따라 반박 논거를 제시하는 로봇 판사를 이기는 것이 장차 법조인을 지망하는 여러분이 가져야 할 목표는 아닙니다. 오히려 과거에는 판결과 범죄의 사후 조치에 관심이 높았다면, 이제는 정밀한 데이터 분석하에 범죄를 사전에 예방하고 기업 간의 낭비적인 소송을 방지하는 것으로 우수한 법조인들의 역할이 전환되어야 합니다.

또한 더 윤리적이고 인간적인 판결을 위해 데이터의 합목적적인 분석과 해석이 어느 때보다 주목받을 것입니다. 즉 예비 법조인들은 단순 암기나 판례에 매달릴 것이 아니라, 인간의 심리를 보다 이해하고 인본주의적 관점에서 범죄를 예방하며 선량한 피해자의 발생을 최소화하는 데 집중해야 합니다.

미래의 법조인을 꿈꾸는 인재들은 인공 지능 등의 적절한 활용을 통해 잘못된 판결을 최소화하며, 선량한 시민에 대한 범적 구제 방안을 신속하게 마련하고, 미래의 시민들이 안전하게 살아갈 수 있는 다각적 법적 장치들을 구현해 나가는 데 더 집중해야 할 것입니다.

교육: 상호 작용 학습으로 변화하는 업

우리가 미래 직업을 생각할 때 어렵지 않게 상상할 수 있는 영역이 교육 분야입니다. 수년간 학교와 학원, 인터넷 강의로 연결되어 온 학습 환경에 익숙하기 때문이죠. 그렇다면 미래의 교육 환경은 어떻게 변화할까요? 교사, 교수 등 교육자의 역할은 어떤 변화를 맞이할까요?

먼저 기술의 발달로 교육 인프라 분야에 눈부신 변화가 예상됩니다. VR 기기를 통해 전 세계 미술관을 견학하고, 응급 치료를 비롯해 체험 학습을 하는 등 전에는 상상할 수 없었던 창의적인 학습 환경이 마련될 것입니다. 창의력을 향상시키는 교육으로 유연한 사고와 자유로운 토론, 문제 해결 방식의 교육이 주목받을 것이고요. 물론 이러한 교육 방식은 이전과 달리 '데이터 친화 학습'에서 출발합니다. 데이터를 이해하고 해석하는 능력이 있어야 다양한 지식의 수집, 해석, 활용이 가능하기 때문입니다.

또한 이전의 교육이 대부분 자라나는 유아와 청소년을 사회에 적응시키고 미래를 개발해 주는 데 중점을 두었다면, 고령화 시대에 진입한 여러분이 고려해야 할 사항은 하나 더 늘었습니다. 바로 고령층을 위한 지속적 교육인 '디지털 평생 교육'의 확산이죠. 은퇴한 계층을 위한 데이터 해석 능력 향상 및 재취업 교육과 디지털 사회 적응 교육이 대표적인 예입니다.

따라서 미래의 교육자는 두 대상을 집중적으로 가르치게 될 것입니다. 사회 적응과 문제 해결이라는 목적은 같지만 어린 학생들을 가르치는 교육을 하나의 축으로 삼고, 제2의 인생을 맞이하는 은퇴자나 고령의 보다 사회화된 학습자를 대상으로 하는 교육이 또 다른 축으로 자리 잡을 것입니다. 대상이 달라지면 커리큘럼 및 교재, 학습 도구가 달라지기 마련인데요. 이를 위해 관련 교육을 진행할 수 있는 전문가를 요구하는 목소리가 커질 것이며 그만큼 데이터 분석과 해석에 출중한 전문가가 기회를 더 많이 얻을 것입니다.

교육 분야의 미래 직업을 위해 알아 두고 준비해야 할 사항은 크게 세 가지가 있습니다. 첫째는, 디지털 세상을 이해하고 관련된 지식을 쌓는 것입니다. 10년 전이라면 하늘을 날아다니는 드론이 우리 집까지 택배를 배달할 수 있다는 것을 예상조차 못 했을 겁니다. 이처럼 놀라운 속도로 발전하는 기술 문명 사회를 사는 우리에게 반드시 타파해야 할 문맹이 하나 있는데요. 그것은 바로 '디지털 문맹'입니다.

남녀노소를 막론하고, 사회의 시스템에 적응하고 자신의 권리를 주장하며 살아갈 수 있는 기반에는 소통의 힘이 있습니다. 과거와 달리 소통은 면 대 면에서 전화, 가상의 공간까지 기술의 발전과 함께 주 무대가 바뀌어 왔습니다. 그 소통의 힘은 이제 데이터를 읽고 이해하고 적용하는 데서 나올 수 있습니다. 한 예로, 자신의 수능 성적에서 표준 편차를 이해하지 못하면 스스로의 실력을 객관화하기 어렵고 적절한 진로 선택에도 오류를 범하기 쉽습니다. 앞으로의 세상에선 이보다 더 많은 디지털화된 정보와 데이터 분석이 제공될 것이고, 이를 이해하지 못하거나 적용하지 못할 경우 선택의 기회조차 얻지 못할 것이기에 주목할 필요가 있습니다.

둘째로, 남을 가르치는 업에 관심이 있다면 자신의 지식을 가장 효과적으로 전달하는 콘텐츠를 스스로 제작할 수 있어야 합니다. 콘텐츠 제작에는 그 과목에 대한 지식뿐 아니라 효과적으로 전달할 수 있는 방식, 즉 VR로 전달할지, 3D 프린팅을 설계하여 전달할지 판단할 줄 알아야 합니다. 교육의 내용뿐 아니라 그것의 전달과 소통은 4차 산업혁명 시대 주인공들을 육성하는 21세기의 교육자에게 반드시 필요한 능력입니다. 이러한 과정에서 자신만의 창의적 콘텐츠를 발굴한다면 부가 가치가 가장 높은 활동 중 하나를 업으로 갖게 되죠.

셋째로, 고령화 시대를 대비한 교육 시장이 확대될 것이라는 사실입니다. 우리나라는 일본에 이어 고령화가 가장 빠르게 진행되는 국가 중 하나입니다. 이러한 인구 생태학적 변화를 맞이하여 평생 교육의 의미를 되짚어 볼 필요가 있습니다.

평생 교육이라는 개념은 이전에도 많이 거론되었지만, 경제적 여력이 되는 일부 장·노년층을 대상으로 여긴 개념이었던 것이 사실입니다.

그러나 청소년들을 위해 의무 교육이 존재하는 것처럼, 제2의 인생을 맞이하는 장·노년층을 대상으로 의무 교육 형태의 사회 적응 교육 및 노령의 삶에 대한 교육이 활성화되리라 예상합니다. 의무 교육에서 청소년이 장기적으로 꿈을 이루고 삶의 질을 향상하는 데 목적을 두는 것처럼, 장·노년층에게도 삶의 질이 중요하며 지속적인 교육과 돌봄이 필요하다는 맥락입니다.

미래의 교육 관련 직업에 대비하려면?

- 데이터를 이해하고 적용할 수 있어야 한다
- 자신의 지식을 효과적으로 전달 가능한 콘텐츠로 제작할 수 있어야 한다
- 장·노년층 대상의 교육 시장에 주목해야 한다

이를 통해서 국가는 건전하고 행복 지수가 높은 사회를 만들어 안전한 사회망을 구축할 수 있고, 개인은 '요람에서 무덤까지' 인간의 존엄성을 유지하며 행복한 삶을 영위할 수 있죠. 미래에는 노년층 대상의 광범위한 교육과 관련해 수많은 직종이 생겨날 것이며, 특히 복잡하고 어려운 기술과 데이터의 해석을 보다 쉽고 편리하게 접목하는 콘텐츠 제작 전문가에 대한 수요가 많을 것입니다.

기술 중심 직업의
미래

어른들이 자주 하는 옛말 중 "사람은 기술을 배워야 한다"라는 말이 있습니다. 여기서 말하는 기술이란 다른 이들이 쉽게 배우거나 행하지 못하고, 오직 자신만이 가질 수 있는 전문 분야의 업을 지칭한다고 볼 수 있습니다.

쉽게 이해해 보자면 영국의 병아리 성 감별사를 예로 들 수 있습니다. 병아리 성 감별사가 하는 일은 말 그대로 갓 태어난 병아리의 성을 감별하는 직업입니다. 굉장히 단순하고 아무나 쉽게 할 수 있는 직업같이 느껴지죠? 하지만 실상은 그렇지 않습니다.

영국의 통계청에 따르면 영국 직장인들의 평균 연봉이 약 2만 5,600파운드인 데 반해 병아리 성 감별사의 연봉은 무려 4만 파운드로 평균 연봉의 1.6배 정도랍니다. 그들의 연봉이 높은 이유는 병아리 성 감별사가 되기 위해 3년의 훈련 과정이 따로 필요하기 때문인데요. 이 과정에서 병아리를 손에 쥐고 3~5초 이내에 성별을 구분하는 전문 기술을 배웁니다. 이처럼 실무를 경험하면서 노하우를 쌓거나, '매의 눈'으로 현상을 분석하고 그러한 과정이 가능하도록 전문 장비를 비롯한 인프라를 마련하는 이들이 전문가라고 볼 수 있습니다.

그렇다면 인공 지능과 VR, AR, 빅 데이터 등 다양한 ICT의 등장은 전문가들에게 어떠한 변화를 가져올까요? 자신이 종사하고 있거나 희망하는 직업이 사라지는 것 아니냐는 불안감이 사회 각 분야에 도사리고 있는 것은 사실입니다. 하지만 "21세기의 문맹은 읽고 쓰지 못하는 사람이 아니라 배우지 못하고, 배운 것을 잊어버릴 줄 모르고, 또다시 배우려 하지 않는 사람들이다"라고 한 미래학자 앨빈 토플러Alvin Toffler의 말을 되새겨 본다면, 다양한 ICT는 전문가에게 새로운 역량을 보유하도록 도와주는 디딤돌이 될 것입니다.

세분화하자면, 인공 지능과 기계를 비롯한 최신 첨단 기술은 세 분야에서 도움이 됩니다. 우선 노하우를 쌓는 기간이 줄어들고, 현상을 분석하는 업무의 효율이 높아지며, 인프라를 마련하는 공간이 오프라인에서 온라인으로 확장될 것이라고 예상할 수 있습니다. 어떤 분야의 전문가들이 이 혜택들을 받게될지 차근차근 알아볼까요?

숙련도를 요구하는 업종(비행기 조종사, 통역사)

해외로 떠나는 여행을 좋아하나요? 새로운 세계를 여행하기 전, 가장 먼저 준비할 것이 바로 항공권을 구매하는 일인데요. 이처럼 지구 반대편으로도 여행이 가능해진 건 비행기를 안전하게 운행하는 기장과 부기장이 있어서임을 여러분도 알 것입니다. 하지만 기장과 부기장 중 한 사람의 자리는 이제 기계가 차지하게 될지 모릅니다.

비행기 조종사들에게 전문가라는 수식어가 붙는 까닭은 공중에서 위기 상황이 발생할 시 재빠르게 상황을 판단하고 행동함으로써 승객 수백 명의 목숨을 살리는 역할을 수행하기 때문입니다. 하지만 사람은 감정적인 동물이기에 공포에 휩싸이기 쉽고 잘못된 판단을 내릴 가능성이 존재합니다. 그래서 기장과 부기장, 2명이 동승하여 서로를 도와 올바른 판단을 내리게 하고 있지요. 기장의 경우 부기장의 실수를 만회할 수 있는 노하우가 있어 위기 상황에서 더 빛날 수 있고, 부기장은 기장의 노하우를 실전에서 배울 수 있는 기회를 얻게 됩니다.

하지만 기계에게는 숙련의 시간이 필요하지 않습니다. 찰나의 순간에 신속하고 정확한, 감정에 치우치지 않은 결정을 내릴 수 있습니다.

실제로 미국에서는 신시내티 대학교에서 분사한 사이버네틱스Psibernetix라는 기업이 개발한 인공 지능 시스템 알파ALPHA를 이용하여 인간과 대결했는데, 전투를 포함한 위기의 순간 미 공군의 베테랑 교관보다 빠른 결정을 내려 승리를 거두었다고 합니다. 알파는 사람이 눈을 깜빡이는 순간보다도 무려 250배의 속도로 상황을 인식하고 해결책을 제시할 수 있다고 합니다.

이렇게 빠르고 정확한 항공 물리학적 계산 능력과 기장의 노하우가 환상의 짝꿍을 이룬다면 승객의 안전을 확실하게 책임질 수 있을 겁니다. 여기에 더해 VR을 도입하면 시간과 장소에 구애받지 않고 훈련이 가능하다는 장점이 있지요. 실제 비행에서는 날씨 상태, 낮과 밤, 비행장까지의 이동 등 시공간의 제약이 존재했으나, VR을 활용할 경우 일정한 규격의 장소만 마련된다면 전혀 새로운 장소에서도 비행 훈련이 가능할 수 있습니다.

한편 비행기 조종사만큼이나 숙련도를 필요로 하는 직업이 바로 통역사라고 할 수 있습니다. 통역사는 언어권이 상이한 나라들 사이에 다리를 놓는 사람들이라고 생각하면 이해하기 쉽습니다. 9시 뉴스에서 가끔 보도하는 국제회의에 각 나라의 장들 옆에서 외국어를 자기 나라의 언어로 바꿔 이야기해 주는 이들이랍니다.

어순과 어법, 단어의 뉘앙스가 다른 두 언어를 오해 없이 전달하기 위해서는 많은 시간을 공부해야 하고, 경제·의학·법학을 비롯한 전문 지식을 다루는 회의인 경우에는 어려운 전문 용어에 대한 사전 학습이 필수입니다. 그들에게는 매일매일이 공부의 연속이죠.

하지만 빅 데이터 기반의 인공 지능 기술이 발전한다면 모바일 애플리케이션 등을 통해 통역 서비스를 대신할 수 있게 된다고 합니다. 실제로 구글은 알파고를 개발한 인공 지능 기술력을 이용하여 또 다른 프로젝트를 기획하고 있습니다. 바로 음악을 들을 때 사용하는 이어폰처럼 작은 기계를 귀에 끼우고 있으면, 상대방이 하는 이야기를 모국어로 자동 변환해 주는 기계를 개발하는 프로젝트랍니다. 그리 멀지 않은 10년 안에는 희귀한 언어가 아닌 이상 자동 통역 기계를 통해 서로 대화가 가능할 거라고 합니다.

이 소식에 영어 책을 슬며시 밀쳐 내며 미소 짓는 학생들이 많을 것 같네요. 반면 통역사를 꿈꾸는 학생들에게는 청천벽력 같은 소식일 것입니다.

하지만 통역사는 단순한 언어 전달자가 아니라 맥락을 이해하여 그 뜻을 정확하게 해석하는 업입니다. 예를 들어 '집'이라는 단어를 '댁'으로, '밥을 먹었다'는 문장을 '저녁을 드셨다'라는 격식을 갖춘 언어로 바꾸는 것도 통역사의 전문적인 일입니다. 그러니 여러분 중에 통역사를 꿈꾸는 학생이 있다면 구글의 통역 기계를 자신만의 언어 실력을 쌓을 수 있는 효율적인 도구로 바라보고, 적극적으로 이용하면 좋겠습니다.

'도제식 교육'이라는 표현을 알고 있나요? 도제식 교육이란 기술을 보유한 전문가가 자신의 후대에 기술을 유지해 나갈 보조자를 두고 기술의 노하우를 전수하는 방식 중 하나입니다. 멘토Mentor-멘티Mentee의 관계와 유사하지요. 앞에서 언급한 비행기 조종사도 기장-부기장 제도를 통해 노하우를 전수받아 숙련도를 높일 수 있도록 돕습니다.

하지만 빅 데이터 기반의 인공 지능과 VR이 활용된다면 어떨까요? 숙련도에 필요한 시간은 줄고 기존의 전문가가 동행하지 않아도 자신의 실력을 키울 수 있게 되어 지금보다는 개방된 교육의 기회를 제공해 줄 것으로 기대됩니다.

직관을 요구하는 업종(신문 기자, 경제 분석가)

"두산은 6일 열린 홈경기에서 LG를 5 : 4, 1점 차로 간신히 꺾으며 안방에서 승리했다. 두산은 니퍼트를 선발로 등판시켰고 LG는 임정우가 나섰다. 팽팽했던 승부는 5회 말 2아웃에 타석에 들어선 홍성흔에 의해 갈렸다. 홍성흔은 LG 유원상을 상대로 적시타를 터뜨리며 홈으로 주자를 불러들였다. 홍성흔이 만든 2점은 그대로 결승점이 되었다. 두산은 9회에 LG 타선을 맞이해 2점을 실점했지만 최종 스코어 5 : 4로 두산의 승리를 지켜 냈다. 한편 오늘 두산에게 패한 LG는 7연패를 기록하며 수렁에 빠졌다."

스포츠 신문에서 접할 법한 이 기사를 보고 어떤 생각이 들었나요? 자신이 응원하는 팀이 이겨서 기쁘거나 지게 되어 아쉬움이 남나요? 이 기사가 중요한 건 사람이 작성한 기사가 아니라 로봇, 즉 알고리즘에 의해 작성된 기사라는 점입니다. 실제로 로이터, AFP와 함께 3대 뉴스 통신사 중 하나인 AP통신은 2014년 7월부터 3,500여 개에 이르는 미국 기업의 분기별 실적을 알고리즘으로 보도하고 있는데요. 최근에는 각 언론사에서 스포츠 뉴스를 로봇 기자가 작성하는 경우가 늘고 있습니다. 점수의 변화에 따라 일정한 문장을 만들어 내도록 값을 저장해 놓으면 로봇은 타자와 투수와 점수의 변화를 인지해 기사를 작성합니다.

물론 로봇을 활용해 기사를 작성하는 로봇 저널리즘은 스포츠를 비롯한 일부 분야에만 우선 적용되고 있습니다. 로봇은 수치 기반의 의미 없는 기사를 양산할 수 있고, 사안에 대한 주관적 판단이 불가하기 때문에 언론의 비판과 감시 기능이 제대로 구현되지 못할 수 있어서죠.

세계 3대 컨설팅 회사 중 하나인 맥킨지&컴퍼니는 미래에 사라질 가능성이 있는 직업은 사무직인 화이트칼라와 노동직인 블루칼라로 나뉘는 것이 아니라 '같은 환경에서 같은 동작을 반복하는 예측 가능한 육체노동일 경우 발생한다'라는 연구 결과를 발표했습니다.

현재 AP통신이 알고리즘과 로봇을 활용해 작성하는 기사가 동일한 환경에서 동일한 동작을 반복하는 형태라면, 사람이 비판과 감시 기능을 발휘해 기사를 작성하는 건 사라질 가능성이 적은 일이라고 할 수 있겠죠. 2014년에 미국의 주요 일간지인 〈뉴욕타임스〉는 일정 시간이 지난 후에도 가치를 유지하는 기사를 에버그린 콘텐츠Evergreen Contents라고 명명하고, 신문이라는 매체가 지속적으로 성장하고 사라지지 않기 위해서는 가치 있는 기사를 작성해야 한다고 언급한 바 있습니다.

경제 분석가들은 어떠한 변화를 맞이하게 될까요? 국내에서는 울산과학 기술원UNIST의 연구진이 시간의 변화에 따른 주가나 환율, 집값 등의 수치를 정확히 예측하는 인공 지능 시스템을 개발했습니다. 당시 이 시스템은 미국 매사추세츠 공과대학교MIT와 영국 케임브리지 대학교가 개발한 기존의 인공 지능 시스템과 비교할 때 실제값과 예측값의 오차가 40~60%가량 적은 것으로 확인됐습니다.

주가나 집값의 경우 일명 호주머니 경제라고도 불리는 가계의 경제에 직접적인 영향을 미치는 중요한 요소랍니다. 투자의 대상이 되기도 하고요. 인공 지능의 정확한 분석 능력과 컬래버레이션Collaboration함으로써, 경제 분석가들은 정확도 높은 정보를 제공받을 수 있는 환경이 마련되었습니다. 어떠한 분석 방법을 사용하느냐에 따라 결과값이 다르게 나올 수 있는데, 이 부분이 해소됨으로써 자료를 가공하는 시간을 줄여 분석에 깊이를 더할 수 있게 되었습니다.

이처럼 빅 데이터를 기반으로 한 알고리즘과 인공 지능은 직관이 필요한 이들에게 정확한 정보를 제공할 것으로 보입니다. 아무리 통찰력이 뛰어난 사람도 왜곡되거나 오류가 있는 정보를 통해서는 제대로 된 분석을 할 수 없으니까요.

인프라를 마련하는 직종 (빅 데이터 분석가, 보안 담당자)

지금까지 인프라를 설계하는 전문가는 주로 오프라인에 국한되었습니다. 예를 들어 도심의 교통 인프라, 공장 인프라 등이 물리적으로 오프라인 세계에서 구축되었기 때문입니다.

하지만 빅 데이터, 인공 지능, VR, AR을 비롯한 ICT 융합 기술이 마련되면서 인프라 전문가의 무대는 온라인으로 확장되고 있습니다. 대표적인 예로 빅 데이터 분석가와 보안 담당자의 가치는 점차 높아지고 있습니다. 빅 데이터 분석가의 길부터 함께 볼까요?

빅 데이터는 인터넷상의 모든 데이터를 총칭하는 말로 인공지능 산업의 기본 식재료에 해당합니다. 그런데 인터넷을 통해 발생하는 데이터의 양은 하루 동안에도 무궁무진합니다. 인터넷을 통해서 1분간 발생되는 데이터의 양을 살펴보면, 페이스북의 경우 350GB기가바이트의 데이터를 생산하고, 유튜브는 72시간 분량의 동영상을 생산하며, 이메일은 2억 400만 통이 송수신되고, 아마존에서는 약 1억 원에 해당하는 매출이 발생한다고 합니다. 지금도 흐르고 있는 1분의 시간 동안 인터넷에서는 데이터가 화수분처럼 쏟아져 나오고 있는 셈이지요.

다양한 식재료가 있어도 그것을 어떻게 조리하느냐에 따라 맛있는 요리가 되거나 맛이 없어 외면받는 요리가 되는 것처럼, 빅 데이터 분석가는 식재료를 기호에 따라 버무리거나, 볶거나, 데치거나, 삶거나 하는 것을 결정하는 일류 주방장과 같습니다.

빅 데이터 분석가가 내놓은 정보는 서비스 산업에서 새로운 비즈니스 모델이 빠르게 창출되도록 돕는 거름 같은 역할을 합니다. 2016년 제46회 WEF에서 서울시는 심야 시간에 운행하는 '올빼미버스'를 행정 혁신 사례로 소개했습니다. 올빼미버스는 서울 시민의 아이디어에서 시작되었습니다. 콜택시 요청 기록, 통화 발신처 및 수신처 등 30억 건에 해당하는 빅 데이터를 분석하여 심야 시간대에 실제로 유동 인구가 모여 있는 곳을 알 수 있었다고 합니다. 이 정보를 통해 정확한 수요를 예측한 서울시는 낮 시간대에 운행하는 노선과 별개의 노선을 운영하기 시작했습니다. 이처럼 빅 데이터 분석가는 모든 ICT 융합 서비스를 구현하는 데 기초가 되고 있습니다.

빅 데이터 분석가와는 또 다른 가치를 창출하고 있는 전문가는 보안 담당자입니다. 여러분은 앞에서 사물 인터넷이라는 단어를 접해 보았죠? 사물 인터넷, 즉 IoT란 Internet of Things에서 각각의 머리글자를 딴 신조어로, 인터넷을 통해 모든 사물이 연결되고 그에 따라 다양한 서비스를 손쉽게 관리할 수 있는 것을 의미합니다.

하지만 IoT 서비스가 구현되는 데 가장 문제가 되는 것은 보안입니다. 여러분이 만약 방을 한 개만 이용한다면 설사 도둑이 들어도 없어지는 물건은 한정적일 수 있어요. 하지만 아파트 한 개 동에 속한 모든 집의 현관 비밀번호를 똑같이 하나로 맞추면 어떻게 될까요? 도둑이 비밀번호 하나를 알게 되면 아파트 전체가 위험에 처할 수 있습니다. 실제로 몇 년 전에는 IoT로 연결된 냉장고에 해커가 침투하여 보안의 위험성이 부각된 적도 있었답니다.

빅 데이터 분석가가 데이터를 보살피고 새로운 ICT 융합 서비스가 등장할 수 있도록 힘을 실어 주는 직업이라면, 보안 전문가는 든든한 모습으로 데이터를 지켜 주는 역할을 한다고 볼 수 있습니다.

예술 중심 직업의
미래

인공 지능이 과연 인간의 모든 능력을 넘어설 수 있을까요? 로봇이 인간을 넘어서지 못하는 영역은 무엇일까요? 이러한 궁금증은 4차 산업혁명을 살아가는 우리에게 초미의 관심사가 되고 있습니다. 사람들에게 인공 지능이 가장 나중에 차지할 것 같은 직종을 고르라고 하면, 아마 대부분이 예술 분야의 직종을 고를 것입니다. 예술 분야는 머릿속의 지식만으로는 표현하기 어렵기 때문이죠.

실제로 한국고용정보원이 조사한 결과에 따르면, 인공 지능과 기계로 인해 대체될 확률이 가장 낮은 직업 10개 중 대다수가 화가 및 조각가, 사진작가, 작가 등 예술 분야 직종이었습니다. 예술만큼은 인공 지능과 기계에 지지 않을 것이라는 예측을 보니, 왠지 모르게 뿌듯해지는 것을 감출 수 없네요.

인공 지능과 기계를 개발하는 이들도 생각이 같은 모양입니다. 그래서 예술 분야를 오히려 도전의 무대로 생각하고 다양한 시도를 하고 있어요. 미국 예일 대학교의 도냐 퀵Donya Quick 컴퓨터 공학 교수는 '작곡하는 로봇'인 쿨리타Kulitta를 개발하는 데 성공했습니다. 쿨리타는 어떻게 작곡을 하는 것일까요?

음악은 숫자와 밀접한 관련이 있다고 할 정도로 일정한 규칙이 있습니다. '피타고라스의 정리'로 여러분에게 두통을 안겨 주었던 피타고라스의 경우, 수학적 지식을 기반으로 음악에도 탁월한 재능을 보였다고 해요. 아카펠라 그룹이나 합창단에서 사용하는 화음을 처음으로 개발한 사람도 피타고라스라고 하니 음악적 지식이 얼마나 깊은지 알 수 있죠.

쿨리타도 이러한 수학적 관계를 바탕으로 하여, 방대하게 저장되어 있는 음악에서 특정 규칙을 분석한 뒤 음계를 조합해 작곡을 합니다. TV 오디션 프로그램 〈K팝스타〉에서 인기 작곡가 박진영이 언급한 '히트송의 공식'을 인공 지능은 벌써 알고 있을지 모릅니다.

놀랍게도 실제로 쿨리타가 음악의 아버지라 불리는 바흐의 곡에서 일정 요소를 조합해 하나의 곡을 만들었다고 하는데요. 이 곡을 100명에게 들려준 결과, 다수의 사람이 로봇이 작곡한 곡이라고는 꿈에도 모를 정도로 완성도가 높았다고 합니다. 심지어 실제 바흐의 곡과 구별하지 못하는 사람들도 있을 정도로 말입니다.

음악 분야에서만 기계가 성과를 내고 있는 것은 아닙니다. 마이크로소프트는 네덜란드의 델프트 공과 대학교, 렘브란트 미술관과 협업해 17세기 네덜란드 미술가 렘브란트의 화풍을 재현하는 '넥스트 렘브란트next Rembrandt' 프로젝트를 진행 중입니다.

프로젝트를 진행하기 위해 마이크로소프트는 우선 렘브란트가 일생 동안 그린 그림을 데이터로 변환했다고 합니다. 데이터의 용량은 자그마치 150GB에 달했다고 하네요. 150GB는 고화질의 영화 20편에 해당하는 대용량 데이터입니다. 이 데이터를 인공 지능에 탑재하자 로봇은 곧바로 렘브란트가 살아 돌아와 그림을 그리는 듯한 착각을 일으킬 정도로, 실제 렘브란트의 작품과 유사한 화풍으로 그림을 그려 냈어요.

예술 분야의 마이크로소프트처럼 구글도 그림을 그리는 인공 지능 소프트웨어인 딥 드림Deep Dream을 개발하는 데 심혈을 기울이고 있습니다. 딥 드림을 개발한 구글의 예술 분야 팀인 그레이 에어리어 파운데이션Gray Area Foundation은 딥 드림의 작품 29점으로 샌프란시스코에서 전시회를 열었습니다.

장난처럼 시작된 이 전시는 '로봇이 그림을 그렸다'라는 입소 문 마케팅으로 이어져 작품들이 총 9만 7,605달러(약 1억 2,046만 원)에 낙찰되었는데요. 그중에서도 가장 비싸게 팔린 그림은 8,000달러(920만 원)였습니다. 더욱 놀라운 것은 2018년에는 인 공 지능 화가인 오비우스가 그린 에드몽 드 벨라미 초상화가 무 려 5억 원에 팔리는 기록을 세웠다는 점입니다. 이는 예술 시장 에서 인공 지능이 그리거나 작곡한 작품이 그 가치를 빠르게 인 정받고 있음을 방증합니다.

그럼에도 불구하고 예술 분야에 인간의 영감이 필요한 까닭 은 이미 존재하는 패턴과 양식이 아닌 새로운 무언가를 만들어 낼 수 있기 때문입니다. 사람은 입력된 데이터를 캔버스에 표현 하는 것이 아니라 자신만의 화풍과 상상력을 결합해 작품을 창 조하므로 인공 지능과는 차이가 날 수밖에 없지요. 쿨리타처럼 바흐의 곡을 재조합하거나 딥 드림처럼 유명 화가의 작품을 재 구성하지 않고, 자신이 느낀 감정을 자유롭게 선율과 붓으로 표 현해 낼 수 있는 것입니다.

그럼에도 불구하고 기계와 인공 지능은 예술 분야에서 두각을 드러내며 인간과 경쟁하고 있습니다. 미래에 인간은 예술 분야에서 어떠한 직업을 가지게 될까요?

우선 새로운 개념의 창작자들이 등장하고, 예술 문화를 서로 교류하는 방식에도 변화가 올 것 같습니다. 창작물을 향유하는 환경 등에서도 다양한 직업이 나타날 것으로 예상하고 있답니다.

새롭게 등장하는 창작자들

혹시 '대도서관'이라는 단어를 들으면 연상되는 게 있나요? 아마도 부모님 세대는 큰 도서관을 떠올릴지 모릅니다만, 여러분 대부분은 1세대 유튜버라는 걸 잘 알 겁니다. 대도서관은 유튜브를 통해 개인 방송을 하는 우리나라의 BJBroadcasting Jockey로, TV 광고 모델로도 활약하는 인물이죠. 억대 연봉에 해당하는 수입을 벌어들이는 것으로 유명하죠.

대도서관은 어떻게 성공한 것일까요? 동영상 소비가 늘어나는 트렌드를 정확하게 분석하고 새로운 형태의 시장을 개척함으로써 아무도 시도하지 않은 블루 오션Blue ocean에 뛰어들었던 겁니다. 유명 BJ들의 성공에 힘입어, 1인 미디어의 방송 서비스는 오히려 지상파 예능의 구도를 바꾸는 역전 현상까지 불러오고 있습니다.

그렇다면 기계와 인공 지능, 빅 데이터 등 다양한 ICT는 이러한 미디어 시장에 어떤 영향을 미칠까요? 1인 미디어가 그렇듯, 예술 분야에 관심은 많지만 전문성을 갖추지 못했던 이들에게 기계와 인공 지능이 훌륭한 도구로 활용될 수 있을 겁니다. 예술가들은 미술이나 음악 전공의 중·고등학교, 대학교를 졸업하는 등 전문적인 교육을 받고 데뷔하는 경우가 일반적입니다. 일반 중·고등학교로 진학한 이들에게 예술 관련 정보와 지식은 부족할 수밖에 없죠.

하지만 빅 데이터 기반의 방대한 예술 데이터에 쉽게 접근할 수 있고, 그렇게 접근한 데이터에서 인공 지능을 통해 자신에게 적합한 장르를 선별할 수 있다면, 자신의 머릿속에 떠오른 영감을 기계의 알고리즘을 이용해 작품으로 표현할 수 있을 거예요. 이 과정에서 앞서 이야기한 1인 창작자가 성장하는 기반이 마련될 것으로 보입니다.

물론 이렇게 내놓는 작품들은 전문 예술가의 작품에 비해 완성도가 부족할 수 있습니다. 하지만 이러한 방식으로 다양한 창작자가 출현함으로써 예술에 대한 사회적 공감과 이해를 넓히는 바탕이 마련되고 예술 문화 시장의 성장도 촉진할 것으로 기대해 봅니다.

예술 문화를 유통하는 이들

다양한 창작물이 등장하는 만큼 예술 작품을 제공하고 감상하는 방법도 다양해져 예술 교류 환경을 매개하는 직업도 새롭게 등장할 것으로 기대되고 있습니다. 유튜브는 2009년 세계 최초로 온라인 오케스트라 프로젝트인 유튜브 심포니 오케스트라YSO를 개최한 적이 있는데요. 이 프로젝트가 주목받은 이유는 동영상 서비스 플랫폼을 이용하여 오케스트라 입단 면접을 볼 수 있었기 때문입니다.

다소 보수적인 클래식 분야에서는 획기적인 시도로, 전 세계 70여 개 국가에서 약 3,000편의 지원자 동영상이 접수됐죠. 유튜브는 선발된 단원들의 공연을 오프라인으로 제공하는 한편, 지원자 동영상 중 일부를 선별한 뒤 하나로 혼합 재구성해 온라인에 게시함으로써 인터넷 미디어 플랫폼으로서의 가치를 보여 주었습니다.

이러한 도전에 힘입어 10여 년이 지난 2020년, 전 세계를 충격에 빠뜨린 코로나-19에 대한 인류의 우애를 보여주는 도구로 유튜브가 활용되기도 했습니다. 유명 오케스트라는 온라인을 통해서 클래식을 전송하여 코로나-19로 오래도록 지치고 우울한 전 세계 팬들을 위로하기도 했습니다. 글로벌 인기 아이돌인 BTS 역시 실제 오프라인 공연 대신 온라인을 통해 콘서트를 진행했는데 무려 75만 명 이상이 동시 접속을 하는 기록을 세우기도 했습니다.

이러한 시도를 통해, VR의 발달로 더욱 생동감 있고 참여도 높은 공연을 온라인상에서도 열 수 있을 거란 예상이 보다 현실에 가까워짐을 알 수 있습니다. 한 예로 페이스북은 소셜 알파Social Alpha 프로젝트를 통해서 VR 공간에 접속해 가상 영화관에서 영화를 관람하거나 가상 커피숍에서 대화를 나누는 실험을 한 바 있습니다. 시공간의 제약 없이 자신이 만나고 싶은 사람과 마주할 수 있다는 것이 큰 장점이죠. 실제로 비대면 시대가 도래하면서 온라인 소셜 다이닝, 온라인 토론회 등 다양한 형태의 시도가 확산하고 있습니다.

예술 향유 방법을 다양화하는 이들

이러한 VR을 바탕으로 이제는 예술을 향유하는 방식 자체가 바뀔 것입니다. 이 과정에서 새로운 예술 향유 공간을 만들고 관객에게 매개하는 직업이 새롭게 등장하리라 기대하고 있어요. 전혀 새로운 문화 공간이므로 기획부터 마케팅에 이르는 직업 전반에 걸친 변화가 예상됩니다.

일례로 기획과 마케팅에서는 경영학적 지식뿐 아니라 VR을 제대로 이해할 수 있어야 해요. 기존의 무대 연출 직업도 관객이 VR을 통해 무대를 360도에서 시청할 수 있다는 점을 감안해, 그에 적합한 환경을 연출하는 능력을 겸비해야 합니다. 이는 기존의 무대 연출과는 180도 다른 역량을 요구합니다. 무대의 단면만 신경 쓰던 예전과 달리 전방위적 시야를 포괄할 수 있는 무대 연출이 필요하죠. 달라지는 시대에 문화를 향유하고 제공하는 방식도 바뀌면서 예술계에 긍정적인 변화가 나타날 것이라 기대합니다.

더불어 사는 삶에
관심이 큰 직업의 미래

인공 지능 등 첨단 과학 기술이 발달할수록 아이러니한 현상이 발생합니다. 바로 지구 살리기 운동이 활발해지는 것인데요. '녹색 환경'으로 대표되는 자연 그대로의 모습, 즉 지구 본연의 모습에 가치를 두어 환경에 대한 관심이 높아지는 것입니다. 이는 지구에서 살아가는 인간의 생존과도 직결되는 문제이기 때문에 더욱 중요합니다.

그렇다면 ICT 등 기술의 발달은 우리 환경에 어떤 영향을 미칠까요? 거창하게 첨단 미래 시대를 상상하지 않더라도, 지난 50~60년간 우리의 자연환경이 어떻게 변했는지를 보면 알 수 있습니다.

우리 선조는 예부터 흰옷을 즐겨 입어 백의민족이라고 불렸지만, 요즘은 황사나 미세 먼지 때문에 흰옷을 며칠이고 입을 수 있는 시절은 지나가 버렸습니다.

대표적으로 황사는 중국의 개발로 토양이 사막화되면서 더욱 심각해지는 현상입니다. 중국에서 불어오는 황사는 이제 단순한 모래 먼지가 아니라, 중국의 산업 단지를 지나면서 인체에 매우 해로운 물질이 더해져 무시무시한 악영향을 미치게 되었습니다. 우리가 늘 들이마시는 공기가 나빠진다는 것은 호흡기가 약한 일부 환자에게만 위험한 일이 아닙니다.

실제로 황사와 미세 먼지의 유입이 증가한 이래, 어린이뿐 아니라 일반인의 호흡기 질환과 심혈관계 질환이 증가한다는 연구 결과가 속속 발표되고 있죠. 1차에서 3차에 이르는 산업혁명의 결과 인간은 이전 세대는 상상할 수 없던 혜택을 누리게 되었지만, 동시에 우리의 오랜 벗인 자연이 황폐화되는 깊은 상처를 입었고 우리의 몸도 피해를 입고 있습니다.

그렇다면 이러한 환경을 극복하고 자연을 예전의 모습으로 되돌리기 위한 노력을 우리는 어떤 직업을 통해 할 수 있을까요? 대체로 다음의 네 가지로 요약해 볼 수 있습니다.

환경을 생각하는 건축

미래를 전망하는 미래학자들이 가장 큰 변화가 있을 것이라고 예측하는 분야는 주거 환경입니다. 우리나라는 고령 사회로 진입하고 있고, 저출산으로 인한 생산 인구의 감소가 사회 문제로 대두되고 있습니다. 이것이 사회적 쟁점인 것만은 아닙니다. 우리의 주거 환경도 바뀌고 있는데 '1인 가구', 즉 소수로 구성된 가구의 등장입니다. 더불어 고령화된 1인 가구는 사회적 관심이 필요한 분야 중 하나이고요.

이와 관련하여 건축 분야에는 변화의 바람이 불고 있습니다. '녹색 건축'이 그것인데요. 사물 인터넷 등 첨단 기술의 도입으로, 콘크리트로 뒤덮여 있던 삭막한 아파트 공간이 새롭게 변모하고 있습니다. 미래의 주택은 집 안에서 사물 인터넷 등의 센서를 통해 외부의 침입으로부터 사람을 안전하게 지키고, 음식물 쓰레기 등을 활용해 재생 에너지를 생산하며 제로 에너지 빌딩으로 변모하기도 하고, 실내 공기를 정화해 청정한 공기를 유지하는 것은 물론 노인 1인 가구의 경우 건강까지 검진해 주는 그야말로 전방위적인 공간으로 탈바꿈할 전망입니다.

위급한 상황에 놓인 독거노인에 대한 대처와 치료가 지연되어 목숨까지 잃었다는 안타까운 소식을 뉴스에서 종종 전해 듣는데요. 미래에는 주거 공간에서 노인의 움직임이나 맥박 등에 이상 현상이 발생하면, 별도로 구급 요청을 하지 않아도 응급 치료진이 데이터를 모니터링한 후 출동하게 될 것입니다.

더불어 지금처럼 회사로 출근하는 업무 외에도 자택에서 다양한 ICT를 활용하는 1인 사무실 겸 주택이 증가할 것입니다. 실제로 미래에는 현재의 직업군 중 상당수가 사라지고 첨단 기술을 사용한 신종 직업들이 생겨날 것이란 전망에는 이견이 없는데요. 그중에서도 개인 맞춤형 산업이 증가하리라 예상한답니다.

예를 들어 3D 프린팅이 보편화되면, 1인 사업자가 자신의 주거 공간에 속한 작은 사무실에서 지구 반대편의 고객이 요청한 제품을 만든 뒤 클릭 한 번으로 배송까지 처리할 수 있습니다. 이런 과정에서 넓은 부지의 공장, 거대한 기계 등의 개념은 최소

10대가 알아야 할 미래 직업의 이동

화될 거예요. 누구나 제품을 만들 수 있고 판매할 수 있다면, 창의적인 가치를 부여할 수 있는 산업 역시 발전할 거라 기대되고 있습니다. 거주 공간이 그 중심축을 담당할 것입니다.

한편 미래에는 이러한 공간을 설계하고 건축하는 방식도 지금과는 달라질 것입니다. 첫째, 미래에는 건축 방식이 모듈Module화되어 각 분야 전문가들의 협력이 더욱 요긴해질 것입니다. 둘째, 전기 자동차 등의 등장으로 주거 공간에 전기 충전소 설치를 고려해야 하는 시점이 다가오고 있습니다. 셋째, 1990년대부터 네덜란드 등 유럽 선진국을 중심으로 거론되던 태양 전지 등을 활용하는 '제로 에너지 하우스'의 보급을 놓고, 이에 대한 기술적·사회적 분위기가 무르익고 있습니다.

건축 방식의 발전과 변화는 개인의 거주 공간에만 머물지 않고, 도시 전체로 확산되어 에코시티Eco-City의 조성에도 어느 정도 기여할 것으로 보이는데요. 실제로 보다 넓은 의미의 생태 환경에 대한 친환경적 건축이 도입되고 있습니다. 생활 환경이 악화되면 건강은 물론 근본적인 생활의 품격도 손상되기에 이는 중요한 건축학적 과제입니다. 에코시티를 지속적으로 구축해 녹색 환경과 공원 등의 생태를 조성해야겠죠.

따라서 기존의 건축가들이 건축 설계를 전공한 이들이라면,

미래에는 통신·물리·생물·의학을 전공한 설계자 간의 융합 작업이 필수적입니다. 기존 설계사·건축사 등의 역할이 변화한다는 의미입니다. 이 과정에서 환경을 보호하고 안전하게 활용하는 환경학자들의 전문 지식도 중요한 역할을 하게 될 것이므로, 이에 대한 학습과 관심이 필요합니다.

환경을 생각하는 먹을거리

기술의 발전은 먹을거리에도 영향을 끼치고 있습니다. 수천 년에 걸쳐 유지해 온 방목형 축산업 대신, 20세기에는 공장 같은 시스템을 갖추고 대량으로 우유와 도축용 소를 양산하는 방식이 자리를 잡았습니다. 19세기에는 불가능했던 헬기 같은 기기들을 이용해 병충해를 관리하는 등 농업에도 극적인 변화가 있었습니다.

유전자 조작을 활용한 농작물의 등장으로, 우리는 병충해에 강하고 지역 환경에 영향을 받지 않으며 대량 생산을 할 수 있는 시대에 살고 있습니다. 물론 유전자 조작 농작물은 그 유해성에 대한 논란이 끊이지 않고 있지만 말이죠.

이러한 과정에서 소비자들은 먹을거리에 대한 안전성을 요구하게 되었고, 원산지를 확인하고 선택하고자 하는 욕구도 증대되고 있습니다. 완제품으로 판매되는 식품의 위생을 관리하는 과정이나 공장식 식품 및 식재료를 생산하는 과정은 대기 중에 탄소 배출량을 높여 친환경적이지 않다는 비난을 받기도 합니다.

이러한 상황에서 기술 발달은 환경을 생각하는 먹을거리를 발굴하고 이를 지속적으로 청정하게 보존하는 데 긍정적인 신호가 될 수 있습니다. 실제로 온실 하우스의 전기나 물의 소요를 센서로 관리하고 이상 시 알람을 통해 문제를 신속히 해결할 수 있는 스마트 파밍Smart Farming이 주목을 받고 있는데요. 스마트 파밍이란 기본적으로 사물 인터넷 센서를 활용하여 통신망으로 정보를 전달하고, 누적된 데이터를 분석하여 농작물 관리의 효율을 높이는 것을 의미합니다. 스마트 파밍을 일반 농가에 보급함으로써 필요한 곳에는 자원을 투입하되 인력 노동은 줄이는 등 자원을 효율적으로 활용할 수 있습니다.

최근에는 농작물 육성뿐 아니라 농수산물 이력 관리에도 ICT를 활용하고 있으며, 병충해 발생에 대한 공조 체계 구축으로 피해를 최소화하는 데도 이러한 기술을 적극 도입하고 있습니다. 이러한 사례를 눈여겨볼 때 미래 사회에 농부, 목축업자,

수의사 등의 역할은 현재와 다를 것이 분명합니다.

농부의 경우 지금은 대부분의 시간을 논밭에서 작물을 직접 재배하는 데 보낸다면, 미래에는 농기계와 ICT의 발달로 자신의 논밭과 작물의 정보를 데이터로 받아 적절한 조치를 하는 방식으로 변화할 것입니다. 데이터를 이해하는 능력은 농부에게 필수라고 할 수 있죠.

특히 화학적 농약으로 자신이 운영하는 논밭의 토양을 훼손할 수밖에 없던 기존 방식과 달리, 가축의 배설물 등을 활용해 바이오매스Biomass 기반으로 병충해를 방지하는 기술 등은 매우 친환경적이라고 할 수 있습니다. 이 같은 농업 기술을 각 토양에 맞춤형으로 적용하는 등 작물의 생산과 함께 환경도 보호하는 방안에 관련된 역할이 늘어날 것입니다.

미래의 목축업에서도 목축 환경은 혁신적으로 개선될 것입니다. 구제역 등 감염병 발생 시, 사물 인터넷과 빅 데이터의 이력 관리를 통해 감염 원인을 조기에 발견하고 확산을 적시에 제어할 수 있지요. 이로써 가축의 병사나 목축업자의 재산 손실을 사전에 예방하는 일석이조의 효과를 거둘 수 있답니다.

수의사의 업무도 달라질 전망입니다. 기존에는 다수 가축의 예방 접종과 유사시의 치료가 주를 이루었다면, 미래에는 개별 가축을 대상으로 한 맞춤 치료가 활발해질 것입니다. 가축별로 유전자를 분석해 취약한 질병과 그 이력을 관리함으로써 건강하고 안전한 목축에 기여하게 될 거예요.

이렇듯 ICT의 발전에 따라 농업·축산업 등에 혁신이 이루어질 것이므로 이와 관련된 전문 인력의 양성이 필요한 시점입니다. 농업·축산업 지식뿐 아니라 빅 데이터 분석 능력, 유전체 분석 등의 스마트 헬스 케어 기술 해독 능력 등 다양한 전문 지식이 요구됩니다.

환경을 생각하는 에너지

ICT가 핵심적인 역할을 수행하는 4차 산업혁명에서 우리를 둘러싼 환경은 어떻게 변화할까요? 독일의 경우 ICT의 도입으로 제조업이 새로운 부흥을 맞이하고 있다고 합니다. 독일의 대표적인 전기 전자 기업 지멘스Siemens는 3D 프린팅 기술 등 첨단 기술과 인공 지능의 도입으로 1초에 1개의 공산품을 만들어 내고 제품의 오작동 비율을 0%에 가깝게 낮추는 혁신을 이루고 있습니다.

산업적 측면에서 놀라운 발전이나 이는 그만큼 많은 전력과 공업용수, 석유·석탄 등의 화석 원료가 사용된다는 사실을 의미합니다. 기술의 발전으로 생산력 폭발의 시대를 맞이하게 되었지만, 자원은 기존보다 더 빠른 속도로 소비되어 고갈될 수 있지요. 우리는 화력·원자력 발전소를 통해 큰 불편함 없이 전력을 소비하고 있는데, 종종 불필요한 전기 사용을 방치한 채 생활하기도 합니다.

그러나 이렇게 절망적인 관점만 존재하는 것은 아닙니다. 바로 그린 에너지와 스마트 에너지 산업의 등장이 좋은 예입니다. 석탄 등 화석 원료를 이용한 화력 발전이 자원 고갈, 대기 오염, 주변 환경 오염의 문제를 유발하자 신재생 에너지라는 분야가 등장했습니다.

화석 원료를 활용하는 화력, 우라늄을 활용하는 원자력과 관련해 우리는 그동안 단순히 소비자일 뿐이었습니다. 그러나 신재생 에너지는 에너지를 소비하는 동시에 만들어 내는 개념입니다. 기존에 소개된 종류는 태양 전지, 풍력 발전 등인데 최근에는 앞서 언급한 바이오매스 등 첨단 기술에 기반을 둔 새로운 재생 에너지가 활발히 연구되고 있습니다. 신재생 에너지는 기존 에너지와 달리 친환경적이라는 점에서 자원이 부족한 우리나라로서는 더욱 집중해야 할 분야라고 할 수 있습니다.

에너지의 쓰임을 예측하고 현황을 분석하는 스마트 그리드 Smart Grid 등의 등장으로, 가정과 기타 건물에서의 에너지 효율을 최적화하는 전문 영역이 각광을 받고 있습니다. 농업에서 기온과 습도의 변화를 감지해 농작물을 재배하는 스마트 파밍도 이 스마트 그리드에서 출발한 것이죠. 단순히 에너지를 절약하는 데 그치는 것이 아니라 사물 인터넷 등과 결합해 에너지의 새로운 활용법을 찾고 발굴하며 최적화하는 분야가 미래에는 주목받을 것입니다. 이를 위해 전자·전기 공학은 물론 제어 계측, 물리학, 생물학 등 다양한 분야의 연구진이 협력할 것이며 우리는 이에 대한 준비가 필요합니다.

환경을 이용하는 자와 보호하는 자의 공생을 위한 활동

ICT 등 기술의 발달이 인간에게 주는 혜택 중 하나는 장애인들의 생활 및 업무에 대한 지원이 보다 원활해진다는 점입니다. 최근에는 사고 등으로 신체 일부가 절단된 사람을 위한 인공 의족과 의수 등이 개발되어 있으며, 조만간 전신 마비 환자들도 자율적인 의지로 몸의 일부를 움직일 수 있는 수준까지 발달할 전망입니다. 예를 들어 구글은 시각 장애인들도 운전할 수 있는 기술을 개발 중이며 이것이 상용화된다면 원거리 이동에 대한 불편을 해소할 수 있습니다. ICT가 발달하기 전에는 공상 과학 작품에나 나올 법한 이야기였으나 전문가들의 도움으로 하나씩 실현되는 중이죠. 기존에는 사회봉사나 사회 공헌이라고 하면 고아원 또는 양로원 등에서 봉사하는 것을 떠올리기 쉬웠습니다. 그러나 ICT의 발달로 그 분야도 확대되고 요구되는 전문성도 다양해지고 있답니다.

ICT의 도입으로 환경 보호 관련 업무에서도 고정 관념이 달라지고 있습니다. 산불을 방지하고, 오염된 하천을 보호하고 개선하며, 자연의 훼손을 방지하는 등의 업무 본질은 그대로 유지하되 ICT를 통한 상호 네트워크 구축으로 환경과 관련된 지식의 공유가 활발해질 것입니다.

사물 인터넷 센서를 도입해 재난과 재해를 체계적으로 방지하며, 이력 관리를 통해서 유해 물질 관련 데이터를 관리하고, 메르스 등의 감염병에 사전 대응하며 사후 피해도 최소화하는 작업 등이 대표적입니다.

이를 위해 체계적이고 국가적인 공조 체계를 확립하고 전과 달리 빅 데이터, 사물 인터넷, 클라우드 서비스 등 첨단 기술이 도입되어야만 한다는 것이 전문가들의 분석입니다. 2016년 6월 미래창조과학부에서 발표한 것처럼 건설 폐기물 배출 제로 기술, 생물학적 하수 처리, 미생물 기반 해양 오염 처리 기술, 토양 산성화 및 토질 저하 방지 기술 등 오염 방지를 위한 기술이 필요하며, 산업 및 생활 폐기물에 의해 환경 호르몬이 증가하는 실태에 대한 분석 및 방지 기술이 주목받을 것입니다.

미국 컬럼비아 대학교의 교수이자 경제학자인 제프리 삭스 Jeffrey Sachs는 녹색 경제의 중요성을 강조하는 대표적인 인물 중 한 명입니다. 그는 사회 보장, 환경 보호 등의 분야로 관심을 돌리자고 주장하면서 "세계 경제는 지속 가능한 기술로의 전환이 필요하다"라고 언급한 바 있는데요. 환경을 보호하는 동시에 사회적 약자와 함께 살아갈 방안을 도모하는 ICT야말로 지속 가능한 녹색 경제의 한 축이 될 것이라는 전망입니다.

이러한 세계적 추세에 맞추어 환경, 사회 복지 등 ICT에서 소외되었던 분야를 적극적으로 활성화하고 전문 인력을 배양한 다음 그 핵심 기술과 자산, 인적 자원을 아프리카 등의 제3세계 국가들에 제공할 수 있다면, 이 또한 미래의 한국인들이 도전할 만한 분야일 것입니다.

우리 모두는 나무다

약 10년 전 우리 반이었던 이○○라는 제자가 떠오르네요. 조용하고 남 앞에서 좀처럼 자신을 드러낼 줄 모르던 아이였는데, 여름 방학 학생 참여 활동 중 연극 프로그램에 참가하게 되었습니다. 저는 좋은 기회이니 잘 해 보라고 말은 했지만, 내심 걱정이 되기도 했습니다.

개학 후 그 친구에게 연극 활동은 어땠는지 물었더니 재미있었다고 대답하기에 저는 '다행이다' 하고 생각했죠. 그러고는 한동안 잊고 지냈는데, 어느 날 이 학생이 젊은 영상 감독들의 등용문으로 알려진 '29초 영화제'에서 청소년부 최우수상을 수상했다는 소식을 들었습니다.

당장 인터넷에 '29초 영화제'를 검색해 이 친구의 작품을 보았습니다.

'이런 재주가 있었나?'

'이런 일을 하고 싶어 했나?'

10대가 알아야 할 미래 직업의 이동

그때 알았습니다. 그 여름 방학 연극 프로그램에서 활동하면서 이 학생은 영화라는 매체에 관심을 갖기 시작했고, 고등학교에 진학해서도 영화 제작 동아리에서 꾸준히 활동했다는 것을요.

지금 군 복무 중인 이 친구는 복학하면 영화와 관련된 일을 더 열심히 하겠지요. 영화감독의 길은 험난하겠지만 언젠가 자신의 이름을 건 멋진 영화가 상영될 날을 기다려 봅니다.

한편 또 다른 제자였던 임○○의 꿈은 늘 수학자였습니다. 어릴 때부터 수학을 좋아했고 쉬는 시간에도 다른 친구들과 수학 문제 풀기를 즐겼지요. 기특하게도 이 아이는 서울의 모 영재고등학교에 합격했습니다. 이후 세계수학올림피아드WMO 대회 소식이 들리면, 저는 그 친구의 이름이 나올까 해서 관심 있게 보기도 했습니다.

그러던 어느 날 이 학생이 대학에 입학했다며 잠시 인사를 하러 오겠다고 했습니다. 어떤 청년으로 자랐을까 잔뜩 기대하고 만났습니다. 밝고 유쾌한 얼굴로 나타난 이 친구는 뜻밖에도 수학과가 아닌 의학 대학에 진학했다고 했습니다. 대견

스러운 마음은 가득했지만, 무슨 일이 있어도 수학과에 갈 줄 알았기 때문에 물어보았지요.

"그렇게 수학을 좋아했는데 왜 의대에 입학했는지 궁금하구나."

"수학을 전공하려고 했어요. 그런데 고등학교 2학년 때 ○○대학교의 의과 대학에 체험 학습을 하러 갔다가, 의대라는 곳이 제 적성에 맞다는 것을 알았어요. 의사가 하는 일들이 가슴 뛰게 했거든요."

기본적으로 성적이 우수한 아이들이 진학하는 곳이 의대이긴 하지만, 적성에 맞지 않으면 견디기 힘든 곳이 의대이기도 합니다. 그런데 아주 만족해하는 것을 보며 천직이다 싶었습니다. 2년 후 다시 저를 찾아왔는데, 여전히 의욕적인 모습으로 학교생활을 하고 있었지요. 선천적으로 따뜻한 심성을 지닌 그에게서 얼핏 미래의 허준이 보이는 듯합니다.

최근에 조○○은 할머니가 돌아가시는 일을 겪었습니다. "고생 많았겠다" 하는 제 말은 안중에도 없다는 듯이 해맑게 웃으며 "선생님, 저 장례 지도사가 될 거예요"라고 말해 저를 깜짝 놀라게 했지요. 중학교 2학년이면 죽음이 무서울 나이인데 그 입에서 장례 지도사라는 말이 나오다니!

"할머니 장례식을 치를 때 장례 지도사분이 정말 친절하셨거든요."

"그래서 장례 지도사가 되고 싶다고?"

"아니요, 슬퍼하고 있는 저희 식구들에게 따뜻한 말도 해 주고 위로도 해 주셔서 감동했어요. 그래서 그 일을 하고 싶다는 생각이 들었어요."

"부모님께서도 네가 이 일을 하고 싶어 한다는 걸 아시니?"

"네, 부모님도 찬성하셨어요."

20년 전, 해외 대학에 견학을 다녀오신 교수님이 그 나라에는 '장의학과'라는 것이 있더라며 앞으로 우리나라도 그런 학과가 개설되어야 한다고 말씀하신 게 기억이 납니다. 현재 우리나라에도 서울, 대전, 창원에 위치한 모 대학에 장례지도과가 개설되어 있다고 합니다.

앞으로 우리나라의 인구가 점점 줄어들고 가족 문화가 약화된다면 장례 지도사는 정말 많이 필요하지 않을까 생각해 봅니다. 남의 눈을 의식하지 않고 당당히 진로를 선택하는 이 학생과 부모님이 멋져 보였습니다.

여학생 김○○은 말투가 항상 군인 같고 행동에도 절도가 있습니다. 머리카락은 여군처럼 반듯하게 묶고 다니기도 했습니다. 알고 보니 이 친구의 꿈은 군인으로, 실제로 군인이 되기 위한 준비도 하고 있었어요. 우리나라의 역사와 태권도를 열심히 배우고 군 관련 체험 학습도 다녀왔다고 합니다. 훈련하는 것이 어땠는지 물었더니 정말 좋았다면서 사진 몇 장을 보여 주기도 했고요. 우리나라를 지켜 줄 군인이 되겠다는 이 학생을 보고 있노라니 왠지 마음이 든든해졌습니다.

아프리카에는 스프링복Springbok이라는 이름의, 무리를 지어 생활하는 초식 동물이 있습니다. 스프링복은 평소에는 평화롭게 풀을 뜯다가, 무리 중 하나가 풀을 발견해서 앞으

10대가 알아야 할 미래 직업의 이동

로 뛰어가면 나머지도 서로 먼저 풀을 뜯으려고 따라 뛴다고 합니다. 어느새 본래의 목적은 잊은 채 뛰는 경쟁만 계속하다가 절벽을 만나는데, 이미 그때는 속도를 줄일 수 없고 뒤따라오던 다른 무리에게도 밀려서 절벽 아래로 떨어져 죽는다고 합니다.

'남들이 하니까 나도 해 봐야지'라는 생각은 위험합니다. 내가 무엇을 위해 공부하는지, 내가 무엇을 원하는지 정확히 알고 앞으로 나가는 지혜가 필요합니다. 나를 알기 위한 끊임없는 탐색과 공부. 이는 중학생 시절만이 아니라 평생의 숙제이기도 합니다.

혹시 이순원의 《나무》란 소설을 아시나요? 이 소설에서 여러분과 꼭 공유하고 싶은 구절이 있어 소개합니다.

"다른 나무들 기준으로 보면 그렇지만, 긴 겨울잠을 자며 저 나무는 다른 나무보다 더 충실한 여름 준비와 가을 준비를 하는 게야. 또 대추나무는 밖으로 나온 모든 가지에서 꽃을 피우고 열매를 맺거든."

"저는 그런지도 모르고 게으름뱅이 나무라고 속으로 은근히 놀렸거든요."

"나도 대추나무가 처음 이 집 마당에 왔을 때 그랬단다. 그런데 가만히 지켜보니 그게 아니었단다. 다른 나무들 모두 요란스럽게 꽃과 잎을 피우며 봄맞이를 하면 덩달아 마음이 조급해질 텐데, 꾹 참고 자기 시간을 기다리는 것도 대단한 인내심이지."

"정말 다시 봐야겠어요."

"그래서 어떤 나무도 겉만 보고 판단해서는 안 되는 거란다."

"그러고 보면 산과 들만 넓은 게 아니라 이 작은 마당 세상도 참 넓어요."

"우리가 나무로 한세상을 살다 보면, 매화나무나 벚나무처럼 다른 나무보다 일찍 꽃을 피워 부러움을 사는 나무가 있지. 반대로 비록 시작은 늦었지만 늦은 만큼 더 알차게 자신을 채워 가는 나무도 있는 거란다."

―이순원, 《나무》, 뿔, 2007, 99~100쪽

얼핏 보기에는 그냥 '나무'지만 잘 들여다보면 밤나무, 매화나무, 감나무, 자두나무, 대추나무 등 고유한 나무들입니다. 저마다의 시련과 고통을 겪으며 자신만의 독특한 겉모습과 열매를 가지죠.

여러분은 어떤 나무와 닮았나요? 여러분 모두에게는 자신만의 꿈과 끼가 있습니다. 그러니 남이 가는 길을 보고 따라가려고 하지 말고 자신의 길을 먼저 찾아보세요. 조급해하지 않고 자신이 어떤 나무인지, 어떤 나무가 되고 싶은지 알아낸다면 분명 멋진 미래를 이룰 수 있을 것입니다.

PART 4

미래를 위한
준비

국·영·수보다 중요한
미래 찾기 공부

앞에서 우리는 미래에 주목받게 될 직업에 대해서 살펴보았습니다. 미래의 직업이 바뀐다면 배움의 터전인 학교에서 배우고 학습하는 것들도 바뀌어야 하지 않을까요? 얼핏 보면 당연한 질문처럼 보이지요? 하지만 우리의 교육 환경에 미래의 모습을 어떻게 적용해야 할지 답을 내는 것은 쉽지 않습니다. 대학에서는 여전히 수능이라는 시험을 통해 국어·영어·수학 등 주요 과목에 대한 점수로 입학생을 선발하기 때문이죠.

이처럼 대학 입학을 준비해야 하는 한편, 미래 사회가 필요로 하는 사회인으로 성장하기 위해 요구되는 분야도 점점 많아지고 있습니다. 다시 말하면 공부만 잘해서 되는 것이 아니라 미래의 사회에 기여할 수 있는 어른으로 성장해야 하는 과제도 남아 있는 것입니다. 그래서 우리 각자는 우리를 둘러싼 사회·경제·정치·문화 분야에 관심을 갖고 변화의 흐름을 이해하는 노력이 필요합니다. 이 과정에서 미래의 직업 세계를 지속적으로 탐구하는 자세도 가져야 하죠.

빠르게 변화하는 요즘, 우리가 지금까지 배워 왔던 지식은 어떤 의미가 있을까요? 역사 시간에 들어 봤을 석기 시대와 청동기 시대를 떠올려 봅시다. 석기 시대에서 청동기 시대로 패러다임이 변화한 것은 석기를 만드는 데 필요한 돌이 없어져서일까요? 아닙니다. 돌보다 더 단단한 청동기를 발명한 후 인류는 자연스럽게 석기를 내려놓고 청동기를 집어 든 것이죠. 이러한 변화에 적응하지 못한 채 석기를 고집한 부족은 청동기를 사용하는 부족의 강력한 힘에 무릎을 꿇습니다. 새로운 흐름을 읽고 대응하지 못한 탓입니다.

석기 대신 청동기를 손에 쥔 선조처럼, 우리도 변화하는 시대에 맞게 기존의 국·영·수 외에 새롭게 손에 쥘 무언가를 찾고 이를 학습하는 것이 역사로부터 배우는 해결 방안이 아닐까요?

동일한 맥락으로 세계적인 베스트셀러 《사피엔스Sapiens》를 쓴 유발 하라리Yuval Harari는 현재 학교에서 청소년에게 가르치는 내용의 80~90%는 이들이 40대가 되었을 때 쓸모없을 확률이 크다고 인터뷰한 적이 있습니다. 즉, 오늘날의 청소년은 선생님이나 연장자에게 배운 교육 내용으로는 일생을 대비하는 것이 불가능한 사상 첫 세대가 될 것이라는 의미죠. 여러분에게 해당하는 이야기입니다. 따라서 자신이 겪을 변화를 정확하게 인식하고, 능동적이고 적극적으로 대응하는 자세가 필요합니다.

그렇다면 최근 직업 세계에 영향을 미치는 화두는 무엇일까요? 아무래도 2016년 3월 이세돌 바둑 기사와 알파고의 대국 이후 전 국민의 관심이 인공 지능으로 쏠렸습니다. 인공 지능이라는 기술이 피부에 와닿지 않을 수 있지만, 지금의 초·중·고등학생들은 인류 최초로 인공 지능과 일자리를 두고 경쟁할 것임을 생각하면 남의 일만은 아니죠.

앞에서 잠시 언급했던 미래학자 제리 카플란의 저서 《인간은 필요 없다》의 내용을 살펴보겠습니다. 그는 고도의 지식과 연구, 숙련이 필요한 일자리는 인공 지능이 차지하고 단순 업무 노동은 기계가 대체할 것이라고 주장했습니다. 인공 지능에 의해 실업이 증가하겠지만 새로운 일지리도 생겨날 깃이므로, 일자리보다 주의 깊게 살펴야 할 것은 노동의 성격 변화라고도 지적했죠.

청소년들이 새로운 일자리에 자리 잡기 위해서는 현재 이들이 학교의 정규 과정을 통해 배우는 기술skill이 미래에도 경제적 가치가 있게끔 교육 과정을 개선하거나, 새로운 기술을 배울 수 있는 교육 과정에 학생 스스로가 적극적으로 발을 디뎌야 한다는 결론을 내렸습니다.

그렇다면 구글, 애플 등 ICT 첨단 기업을 탄생시킨 미국의 경우 변화의 시대에 어떻게 대응하고 있을까요? 미국은 다른 나라들보다 한발 빠르게 변화에 대비하고 있습니다. 학생들이 학교 외의 공간에서 기술을 겸비할 겸 쉽게 코딩을 학습할 수 있도록 개설된 홈페이지code.org를 통해 전 국가적 캠페인을 진행하고 있습니다.

버락 오바마 대통령과 빌 게이츠, 마크 저커버그 등 유명 IT 기업의 CEO들은 변화하는 시대에 기꺼이 코딩을 배워야 한다는 주제의 영상을 유튜브에 올리고 있습니다. 힐러리 클린턴 또한 어느 인터뷰 도중에 코딩 교육의 중요성을 밝히기도 했어요.

급격한 변화의 시대에 뒤처지지 않으려면 이러한 글로벌 동향을 살피고 학습해 자신의 직업 세계를 만들어 나가야 합니다.

4차 산업혁명
이해하기

　우리 인류가 세상에 기록을 남기기 시작한 수만 년 전부터 지금에 이르기까지 인류 역사에 가장 큰 영향을 끼친 혁명적인 기술은 무엇일까요?

　'혁명'이란 말의 본뜻은 '하늘의 뜻이 바뀌다'라고 합니다. 즉, 혁명적 기술이라는 것은 우리가 살고 있는 일상적인 환경이 하루아침에 완전히 달라지도록 만드는 기술을 의미하지요. 여러분은 어떤 기술이 이토록 큰 변화를 초래한 혁명적인 기술이라고 생각되나요?

　인류 역사에서 기술의 발전으로 인간의 삶이 급격히 그리고 근본적으로 달라진 전환점을 되짚어 보자면, 크게 세 가지를 들 수 있습니다. 첫 번째는 1784년 증기 기관의 발명입니다. 증기 기관의 원리를 차량에 접목하자 그동안 말과 마차에 의존하던 이동 수단이 놀랍게 발전했어요. 수십 수백 킬로미터나 떨어진 거리의 원자재가 빠르게 이동을 하게 되었던 것이지요. 증기 기관의 원리를 기계에 접목하자 면 방직기가 발명되어 그간 가내 수공업으로 하던 일들이 공장에서 대규모 생산이 가능하도록 바뀌었어요. 이러한 변화를 '1차 산업혁명'이라고 합니다. 인간의 삶에 본격적으로 '기계'가 등장한 시기라고 할 수 있습니다.

다음으로 역사에 한 획을 그은 사건은 여러분이 잘 아는 에디슨의 발명에서 시작합니다. 1차 산업혁명이 일어난 지 100년도 지나지 않은 1879년, 미국의 발명가 토머스 에디슨이 백열전구를 발명합니다. 낮과 밤이 명확히 분리되던 이전 시대와 달리, 밤에도 공장을 대낮처럼 환하게 밝힐 수 있었습니다. 밤늦게까지 공장을 가동하자 생산량이 늘었습니다.

전기는 생산량을 늘리는 것뿐 아니라 생산의 효율성을 높이는 데도 이바지했습니다. 전기를 활용해 기계를 운영할 수 있게 되자 사람이 하던 일들을 기계가 대신하게 되었습니다. 이 과정에서 컨베이어 벨트가 발명되어 대량 생산 시스템이 완성되었습니다. 2차 산업혁명의 대표 산물이 그 유명한 미국의 포드 자동차입니다. 지금은 하늘을 나는 드론도 어렵지 않게 볼 수 있지만, 당시 검은색 포드 자동차의 등장은 대중의 이동 수단을 둘러싼 혁명에 가까운 일이었습니다. 요즘 가정에서 쉽게 찾아볼 수 있는 에어컨, 세탁기의 등장은 일상의 노동 시간을 대폭 단축해 주는 기계로 각광을 받았습니다. 자연스럽게 이를 제조하는 공장이 분주하게 가동되는 모습을 흔히 볼 수 있었죠. 이시기를 '제조업의 자동화'라고 하는데 역사가들은 '2차 산업혁명'이라고 부릅니다.

1·2차 산업혁명만으로도 인류가 살아가는 모습은 어떤 면에서는 그전의 수천 년보다 더 놀라운 변화를 겪었다고 볼 수 있습니다. 한 예로 하루 내내 빨래와 청소를 해야 했던 여성들에게 세탁기와 청소기의 등장은 시간의 개념을 송두리째 바꿔 버렸습니다. 바로 '자기 계발의 시간'을 갖게 된 것입니다. 이를 통해 여성이 사회에 진출할 수 있는 일종의 발판을 마련하게 되었다고도 할 수 있어요. 이처럼 작은 기계의 발명이 인간의 삶에큰 변화를 가져오는 계기가 되기도 합니다.

1·2차 산업혁명이 있기 전에는 모든 제품이 소량으로 제작되어 대량 생산된 공산품이라는 것은 찾아볼 수 없었습니다. 지

금으로서는 상상하기 어렵지요? 그 밖에 전기와 교통의 발달은 지방과 도시의 교류를 원활하게 했을 뿐 아니라 노동 인력도 자유롭게 이동하도록 해 주었습니다. 오늘날 볼 수 있는 도심과 농어촌의 구분이 시작된 시기라고 할 수 있죠.

세 번째 전환점은 1960년대 말 컴퓨터의 발명입니다. 이전에는 정부 또는 기업에서만 보유할 수 있었던 크고 비싼 컴퓨터가 소형화되기 시작했습니다. 여러분은 요즘 무게 1kg 내외의 노트북 컴퓨터를 들고 다니지만, 당시 사람들은 모니터와 본체가 분리된 작은 냉장고 크기의 컴퓨터가 등장한 것만으로도 매우 신기해했습니다.

퍼스널 컴퓨터Personal Computer, 즉 PC의 등장은 가정에서 컴퓨터를 이용하고 정보를 축적하며 그것을 개인 간에 공유하는 '인터넷'의 개념을 싹트게 했습니다. 이처럼 PC의 보급이 일반화되고 인터넷이 확산되는 3차 산업혁명으로 인해 인류는 새로운 혁신을 마주하게 됩니다. 컴퓨터의 등장과 함께 기계들이 자동화되면서 산업의 각 분야에서 놀라운 진보를 거둔 것이죠.

빠른 속도로 데이터를 전달하기 위해 전국에 네트워크를 보급하기 시작했고, 이를 통해 한국은 'IT 강국'이라는 찬사를 듣게 되었지요. 2000년대 초 한국은 선진국인 미국보다 빠르게 인터넷 동영상을 내려받고 데이터를 주고받을 수 있는 환경이 되었습니다. 지금도 마찬가지지만 당시 해외에 다녀온 사람들은 외국의 인터넷은 느려서 답답하다는 말을 하는 등 우리가 IT 강국임을 확인하고 뿌듯해하기도 했습니다.

그러나 자부심으로 즐기고만 있기에는 과학 기술이 무서운 속도로 발전하고 있으며 새로운 기술 혁신도 끊임없이 소개되고 있습니다. 21세기 들어 기술은 더욱 비약적으로 발전하여, 정보와 기술의 결합으로 새로운 융합 시대를 열었습니다. 대표적인 사례가 알파고로 대표되는 인공 지능의 등장이지요.

인공 지능 분야의 연구는 1956년 미국의 다트머스 학회에서 처음 공식화되었습니다. 초기에는 인간의 사고방식과 유사한 시스템을 개발하리라는 기대감으로 시작되었습니다. 60여 년의 연구와 기술 축적을 통해 최근 소개되고 있는 인공 지능은 단순히 학습을 하고 반복하는 단계는 마친 것 같습니다. 인간과 같은 방식으로 사고할 수 있는 '딥 러닝' 등의 알고리즘이 접목되면서 그 적용 분야가 급속히 확장되고 있습니다.

지금까지 인류의 역사를 뒤흔든 세 가지 커다란 사건에 대해 알아보았습니다. 그렇다면 다음에는 어떤 사건이 우리를 기다리고 있을까요? 다수의 전문가은 인공 지능 같은 새로운 기술의 융합에 주목해야 한다고 합니다. 즉 ICT 융합의 시대가 4차 산업혁명을 열고 있다는 것입니다.

4차 산업혁명의 특징은 융합Convergence이라는 단어에 있습니다. 과거의 1·2·3차 산업혁명은 농업·제조·의료 등 해당 분야의 기술력을 심화하고 생산력을 높이는 데 기여해 왔습니다. 그러나 4차 산업혁명은 산업 간의 벽을 허물고 이전에는 교류하지 않던 분야의 지식이나 기술이 상호 융합하여 새로운 가치가 생겨나는 데 의미가 있습니다.

여러분은 '스위스' 하면 무엇이 떠오르나요? 알프스 소녀 하이디, 하얀 눈 속을 달리는 산악 열차 등 낭만적인 것들이 생각나나요? 스위스의 계곡에 위치한 다보스에서는 매년 새해를 시작할 즈음 전 세계 정치·경제·사회·문화의 대표적인 인물들이 모여서 미래의 여러 쟁점에 대해 논의하는 WEF가 열린답니다. 언론의 관심도 물론 뜨겁고요. 그 회의에서 나온 말 한 마디 한 마디가 세계의 경제와 정치에 영향을 미치기 때문이지요.

2016년 WEF에서는 4차 산업혁명을 주제로 열띤 논의가 있었습니다. 참석자들은 '4차 산업혁명이란 모든 것이 연결되고 보다 지능적인 사회로의 변화'라고 설명하면서 '디지털·물리적·생물학적 영역 간의 경계가 허물어지고 기술이 융합되는 것'이라고 제시한 바 있습니다. 다소 어렵고 추상적으로 들리지요? 좀 더 쉽게 예를 통해서 알아볼까요?

4차 산업혁명을 이끄는 핵심인 '융합'을 잘 표현하는 기술이 3D 프린팅입니다. 아마 여러분도 TV나 유튜브를 통해 동영상을 본 적이 있을 거예요. 3차원 프린터를 통해 순식간에 벽돌이 만들어지고 자동차가 만들어지는 광경을 떠올리면 됩니다. 이러한 3D 프린팅 기술은 제조 분야뿐 아니라 의료·건축·교육 등 다양한 분야에 활용되고 있습니다. 다리가 절단된 환자에게 의족을 만들어 주는 일부터 모듈형 주택을 짓는 일까지 적용 분야는 우리가 생각하는 것 이상으로 광범위합니다. 그만큼 기대되는 영역이고요.

실제로 2020년 8월 미국의 마이티 빌딩스Mighty Buildings는 3D 건축 프린터로 벽과 바닥뿐 아니라 천장, 지붕까지 집의 외관 전체를 3D 프린터로 제작한 두 채의 시범 주택을 완공했어요. 마이티 빌딩스가 사용하는 6m 높이의 3D 프린터 빅지Big-G는 초당 12cm의 속도로 일을 처리할 수 있어, 24시간 안에 32.5㎡ (약 10평) 규모의 단층 건물 외관을 완성할 수 있다고 합니다. 인건비, 재료비 절감 덕분에 3D 프린팅 주택 건축 비용은 일반 주택의 55%밖에 들지 않는다고 해요. 원래 집 한 채를 짓는 비용이 큰데 그 비용을 절반 가까이 줄일 수 있다니 건축계의 획기적인 기술이라고 볼 수 있지요.

그런데 여기서 우리는 단순히 프린터라는 기계에 주목하기보다는 이 기계를 통해 의학·공학·건축학 등 다양한 분야가 한데 모이고 연구를 거쳐 결과물을 산출한다는 데 더 관심을 가져야 합니다. 이것이 바로 융합이며, 4차 산업혁명의 핵심이기 때문이지요. 여러분이 미래에 주로 하게 될 분야이기도 합니다.

4차 산업혁명의 시대를 살아가는 우리는 이처럼 새로운 도전을 맞이하고 있습니다. 즉 한 분야에 국한된 지식만으로는 미래 사회를 준비하기 어렵다는 것입니다. 이제 막 시작된 4차 산업혁명을 한마디로 정의하기는 어렵지만 흔히 '기계들의 인간 지능화'라고 요약하곤 합니다.

이제 우리는 기계가 할 수 있는 일을 잘 이해하고 기계를 제대로 활용할 수 있는 역량을 갖추어야 합니다. PC를 처음으로 선물받았을 때 게임만 할 것인가, 아니면 게임을 제작하는 프로그램을 익혀 볼 것인가는 우리에게 달린 것처럼 말입니다.

인문학적 지식은
IT를 이해하는 기본

우리에게 전달되는 글로벌 뉴스 중에 몇 가지를 소개해 볼까요? 미국의 조지아 공과 대학교에서는 우수한 인재를 대상으로 온라인 강의를 지도하는 조교들이 있다고 합니다. 그중 한 조교가 앞에서도 소개한 IBM의 인공 지능 슈퍼컴퓨터 왓슨입니다. 일본에서는 감정 인식 로봇 페퍼가 피자헛과 KFC에서 고객의 주문을 직접 받고 있다고 합니다. 페퍼는 미즈호 은행과 힐튼 호텔에서도 고객 응대 서비스를 제공하고 있습니다. 한국에서는 배달 업체인 '우아한형제들'이 개발한 서빙 로봇 딜리가 식당에서 손님이 주문한 음식을 갖다 주기도 합니다. 마치 미래의 이야기 같지요? 그러나 이 순간 지구촌에서 정말로 벌어지고 있는 생생한 뉴스랍니다.

여기서 끝이 아닙니다. 앞서 살펴보았듯이 세계 최대 전자 제품 제조사 폭스콘은 빠르면 2023년, 늦어도 2028년까지 전체 제조 공정의 80%를 로봇으로 대체할 것이라고 밝혔죠. 폭스콘은 로봇을 비롯한 혁신적인 제조 기술을 도입해 근로자들이 해 왔던 업무 중 반복적인 일을 로봇으로 대체하고, 연구 개발과 같이 제조 공정상 보다 높은 수준의 가치를 만들어 내는 일에 사람들이 집중하도록 지원할 계획이라고 했습니다.

기계에 일자리를 뺏긴 노동자들에게 다른 업무를 제시할 거라고 하니 그나마 다행으로 생각해야 할까요? 그러나 대다수는 로봇이나 기계의 생산성이 우수해 인간이 직업 세계에서 설 자리를 잃는 건 시간문제라고 보는 듯합니다. 여기서 몇 가지 질문이 생겨납니다.

- 인간은 이전보다 높은 수준의 가치를 생산하는 데 더욱 집중할 수 있을까?
- 또 이를 위해서 우리는 어떤 준비를 해야 할까?

10대가 알아야 할 미래 직업의 이동

이에 답하려면 인문학적 지식이 필요합니다. 인문학은 직업 세계에서 인간만이 할 수 있는 창의적인 영역을 일깨우고, 미래의 직장에서 로봇과 인간의 조화로운 관계에 대해 적절한 방향을 제시할 것이라는 점에서 주목받고 있습니다.

인문학은 무엇일까요? 간단히 말해, 인류의 지혜를 담아서 세상을 바라보는 시각을 갖게 해 주는 창문이라고 할 수 있습니다. 인문학적 관점을 통해서 우리는 이전에 겪어 보지 못한 상황을 이해하고 분석할 수 있어요. 또 우리가 로봇의 등장이나 직업 영역의 급변 등 미지의 영역을 탐구하는 데 해결 방안을 제시해 줄 것입니다. 인문학은 사람들에게 생각하는 힘을 길러 주고, 무엇이 인간다운지 생각할 기회를 제공하기 때문이죠.

그럼 인문학적으로 사고하는 사례를 살펴볼까요? '르네상스 시대'라는 말을 들어 본 적이 있나요? 유럽의 중세는 종교의 권위가 강력한 시기였답니다. 하지만 일부 깨어 있는 지식인들의 주도하에 학문·예술 등의 분야에서 르네상스Renaissance라는 문화 혁신 운동이 일어났습니다. 우리가 아는 레오나르도 다빈치, 미켈란젤로 등 천재 예술가들이 등장한 시기도 이때였지요.

이제는 르네상스 시기처럼 인간의 영역을 새롭게 구축하기 위해서 인문학 중심으로 생각하고 분석하는 제2의 르네상스

정신이 필요합니다. 이 새로운 탐구의 시대에는 제2, 제3의 레오나르도 다빈치가 등장할 수 있지요. 여러분에게도 기회가 열려 있다는 사실을 기억하기 바랍니다.

그렇다면 인간만이 할 수 있는 영역에 대해 생각해 볼까요? 2016년 4차 산업혁명이라는 새로운 화두를 던졌던 WEF에서 4차 산업혁명 시기의 인재상에 대한 화두를 던졌습니다. 2017년의 발표에 따르면, 인간에게 요구되는 능력 중 1위는 '복잡한 문제를 푸는 능력'이라고 합니다. 2위부터 5위는 비판적 사고력, 창의력, 사람 관리 능력, 협업 능력 등이 자리했고요.

대전환의 시기에 맞는 교육에서 전수해야 할 16개 스킬도 언급했습니다. 스킬을 크게 나누자면 기초적 능력Fundamental Literacy, 핵심 역량Competencies, 캐릭터 특성Character Qualities으로 나눌 수 있답니다.

기초적 능력은 일상에 적용하기 위한 기초 능력을 키우는 과정이고, 핵심 역량은 학생들이 복잡한 도전을 위해 필요한 역량을 키우는 것을 목표로 하며, 캐릭터 특성은 학생들이 변화하는 환경에 어떻게 접근하는지에 대한 능력들을 의미한답니다. 여러분도 4차 산업혁명에 어울리는 능력을 갖추기 위해 어떤 것이 필요한지 살펴볼 필요가 있습니다.

10대가 알아야 할 미래 직업의 이동

4차 산업혁명 시기에 인재들이 갖춰야 할 스킬	
기초적 능력	① 리터러시Literacy
	② 수학 능력Numeracy
	③ 과학적 능력Scientific Literacy
	④ 정보 통신 능력ICT Literacy
	⑤ 금융적 능력Financial Literacy
	⑥ 문화와 시민 리터러시 Culture and Civic Literacy
핵심 역량	⑦ 비판적 사고, 문제 해결 능력 Critical Thinking, Problem Solving
	⑧ 창의성Creativity
	⑨ 의사소통Communication
	⑩ 협력Collaboration
캐릭터 특성	⑪ 호기심Curiosity
	⑫ 진취성Initiative
	⑬ 지속성Persistence
	⑭ 적응성Adaptability
	⑮ 리더십Leadership
	⑯ 사회·문화 의식 Social and Culture Awareness

이 능력들을 살펴보면 인간의 강점은 분석·창의·공감·감정 능력에 기반을 두고 있습니다. 결국 구체적이며 객관적인 기준이 있거나 업무 분장이 체계화된 일자리들은 기계가 담당하거나 앞으로 담당하게 될 것이 분명합니다.

물론 세상의 만사를 명확한 기준으로 나눌 수는 없습니다. 영국의 산업혁명 이후 자동화 시스템이 개발되었을 때도 현재 같은 고민이 있었지만, 인간이 수행해야만 하는 영역은 여전히 존재합니다.

앞서 소개한 인공 지능 변호사인 로스는 1초에 10억 장의 법률 문서를 분석합니다. 그렇다면 변호사의 자리는 인공 지능 기술을 탑재한 기계로만 채워질까요? 대답은 '아니다'입니다. 오클랜드 대학교 법학과 교수 벤자민 리우Benjamin Rio는 "인간의 감정을 이해해야 하는 분야에는 인간 변호사가 남고, 판례와 자료를 근거로 판단하는 일은 인공 지능이 대신하게 될 것"이라고 전망했습니다. 인간과 기계가 가진 강점을 정확하게 분석하고 전망한 주장이라고 볼 수 있죠.

ATM이 개발되었을 때, 은행원들은 자신들의 업무를 기계가 대체함으로써 일자리에 위기가 닥칠 것으로 우려하였지만 현실은 좀 다르게 진행된 면이 있습니다. 은행 입구에서 입금과 출금, 세금 납부 등 단순 일 처리가 필요한 고객들은 기존의 은행원 대신 ATM 기계에서 업무를 보는 일이 확실히 증가했습니다. 그러나 기계화로 인해서 여유가 생긴 은행원들은 고객들에게 PB_{Personal Banking}처럼 개인 맞춤 금융 컨설팅 같은 고차원의 서비스를 제공할 수 있게 되었습니다. 은행원들과 고객 모두에게 긍정적인 결과를 가져다준 셈이지요.

다음으로 기계와 인공 지능 기술이 직업 세계에 미칠 영향을 미리 생각하고 고민해야 할 것입니다. 폭스콘은 로봇을 도입하여 그간 사람에게 투입해 왔던 노동 생산 비용의 상당 부분을 감축할 수 있을 것으로 내다보았습니다. 사람에게는 주당 60시간 이상의 근무를 금지하는 등 인권 보호를 위한 규제가 있는데 반해, 로봇을 사용하면 이를 지키지 않아도 된다는 이점이 있습니다.

대부분의 기업은 이러한 법규를 포괄하는 노동법을 준수해야 하고, 때로는 이 때문에 노사 갈등을 겪기도 하는데요. 로봇 또는 기계로는 이런 요소를 해결할 수 있어 도입이 확산될 가능성이 큽니다. 아이러니하게도 최소한의 인권 보장을 위해 정해 놓은 월급 또는 노동 시간 관련 법이나 규제가 오히려 인간의 일자리를 위태롭게 하고 있지요.

인문학은 이 같은 현상을 바라보는 힘을 길러 줄 수 있습니다. 인문학적 사고는 예상치 못했던 미래의 문제들을 해결할 수 있는 관점과 다양한 아이디어를 제시해 줄 것입니다. 그러한 인문학적 사고는 어떤 방법을 통해 길러질까요? 바로 '생각하면서 독서하기'입니다. '책을 읽고 나서 또는 어떤 사건을 바라볼 때, 반드시 주체적으로 생각하고 나라면 어떤 결론을 내릴까' 고민해 보는 과정에서도 길러집니다. 자, 이 작은 시작이 미지의 미래에 우리가 올바른 선택을 하는 데 나만의 든든한 장점이 되지 않을까요?

세상의 트렌드에
우리의 감각을 열자

무인도에 있다고 잠시 상상을 해 봅시다. 그 흔한 TV도 인터넷도 스마트폰도 안 되는 곳에 있는 것이죠. 홀가분하다고요? 물론 그런 생각이 들 수 있지만 아마 대부분은 며칠 못 가서 심심해지고 바깥세상의 소식이 궁금해지겠지요? 가족과 친구들의 소식은 물론 우리나라에서 벌어지는 사건 사고, 월드컵이나 올림픽 뉴스가 전해지지 않을 때 느껴질 답답함을 쉽게 상상할 수 있을 것입니다. 다행스럽게도 우리가 무인도에 갇혀서 세상과 단절되어 살아가는 걸 경험하기란 쉽지 않겠지만 말입니다.

오히려 우리가 사는 현대에는 세상과 소통한다는 명분으로 너무나 많은 매체와 소셜 네트워크 서비스 속에서 북적이며 살아가고 있는 것은 아닐까요? 지구 반대편에서 벌어지는 공연 소식이 실시간으로 내 손안의 스마트폰으로 전송되고, 지구 반대편에 살면서 몸이 아픈 친구를 돕기 위한 모금에도 버튼 하나로 참여하는 것이 가능한 시대를 살고 있습니다.

이렇게 좋은 일을 위한 소식만 전달되면 다행이지만 때로는 보고 싶지 않고 듣고 싶지 않은 각종 뉴스·정보·데이터의 홍수 속에 살고 있지요. 달리 말하면 '데이터로 말하는 세상, 데이터로 표현되는 세상'의 한가운데에 있는 것입니다. 어쩌면 지구상의 다양한 소리와 소음이 구분 없이 전달되어서 우리의 사생활도 타인에게 고스란히 전달되는 건 아닐까요? 연예인들뿐 아니라 일반인도 사이버상의 데이터처럼 인식되어 신상이 노출된 채 살고 있는지 모릅니다.

IT 시대에서는 기술이 우리의 삶을 이끌었다고 볼 수 있습니다. 예를 들면 부모님 세대에 혜성처럼 등장했던 개인용 PC를 생각해 볼까요? 그 시대에는 대부분 PC가 제공하는 범위 안에서 작업을 하고, 게임을 하고, 인터넷을 활용했죠.

그러나 이제는 IT가 제공하는 범위를 뛰어넘어, 우리가 만들어 내는 데이터 정보를 기반으로 하여 새로운 테크놀로지 시대가 열린다는 의미입니다. 중국 최대의 전자 상거래 업체 알리바바의 창업주 마윈은 한국을 방문해 한 강연에서 "IT 시대는 이제 DT_{Data Technology} 시대로 전환됐다"라고 선언한 바 있습니다.

앞으로는 데이터를 어떤 방식으로 모으고 그 데이터를 어떻게 해석하느냐에 따라 우리 각자가 새로운 가치를 부여할 수 있게 되었죠. 즉, 같은 데이터라도 어떻게 이해하고 활용하는가에 대한 '나만의 분석 상자'를 갖는 시대를 맞이하게 된 것입니다. 대단한 IT 전문가가 아니더라도 소셜 네트워크 서비스를 활용해서 사업을 시작하고, 뜻이 같은 사람들을 모으고 자신의 비전을 전파하는 것이 편리해져 실제로 지금도 많은 젊은이가 창업을 하고 꿈을 이루어 가고 있습니다.

'아는 만큼 보인다'는 말이 있습니다. 인터넷이 등장하기 훨씬 전부터 '아는 것'은 인간이 살아가는 데 가장 큰 무기 중 하나였다고 볼 수 있습니다. 선사 시대에 불을 다룰 줄 아는 지혜부터, 농작물의 주기를 파악해 기근을 피할 수 있는 지식, 언어나 수학에 능통하여 무역이나 사업에 성공을 거두는 경우까지 그 예는 무수히 많습니다.

큰 부를 누리는 부자들이 자녀에게 최고급 교육을 시키는 데 많은 돈을 끊임없이 지불하는 이유가 무엇일까요? 자신들의 부를 물려주고 그것을 잘 운영하여 세세 대대로 부자로 살아가려면, 지식이 정말로 중요한 요소이기 때문입니다. 더불어 빠르게 변화하는 세상에 대한 트렌드를 이해하는 능력을 배양하는 것이 그들의 사업과 가업을 지속하는 데 필수임을 잘 알고 있어서지요.

더구나 과학 기술의 발달로 하루가 다르게 새로운 상품과 경험이 제공되는 현대를 사는 우리는 어떤 지식에 주목해야 할까요? '21세기 지구인'으로서 살아가려면 세상의 흐름에 깊은 관심을 가져야 한다는 의무를 피해 갈 수는 없을 것 같습니다. 하루가 다르게 변화하는 세상에 대해 영어와 수학을 공부하는 것만큼이나 관심을 갖고, 자신의 꿈과 미래에 적용하려는 방법도 배워야 할 것입니다.

과거에는 우리가 인생을 살면서 다루게 되는 직업의 분야가 지금처럼 다양하지 않았습니다. 또한 익혀야 할 기능이나 기술도 그렇게 복잡하지 않았습니다. 그러나 불행인지 다행인지 우리의 삶을 편리하게 해 준 기술의 발전 이면에는 그만큼 많은 데이터의 홍수 속에서 우리가 선택하고 고려해야 할 범위도 무궁무진해졌지요.

예를 들면 강원도 산골에서 농사를 짓는 젊은이가 스마트폰과 인터넷으로 자신이 밤낮없이 가꾼 농작물을 광고하고 드론으로 그 상품을 배송하며, 로보 어드바이저_{Robo-advisor}와의 상담을 통해 그 수익을 재투자할 곳을 찾는 일이 머지않아 이루어질 것입니다.

여러분은 지금 마음속에 간직한 꿈이 있나요? 잠시 머뭇거리는 사람도 있을 것입니다. 아직은 어떤 꿈을 가져야 할지 잘 모르기 때문입니다. 누구나 꿈을 가질 수는 있지만 모두가 그 꿈을 이루는 것은 아닙니다.

아무런 지식이나 정보, 노력 없이 한 번에 그 꿈에 도달하기란 불가능하다는 것을 잘 알고 있지요? 꿈을 이루기 위해서 끊임없이 공부를 하고, 자기만의 안목을 가지고 지속적으로 노력해야만 '나만의 멋진 미래'가 펼쳐집니다.

그런 면에서 세상에 관심을 가지고 새롭게 다가오는 세상에 좀 더 빨리 익숙해지려고 노력하는 것이 중요합니다. 그런 과정 속에서 내가 간직한 꿈에 길잡이가 되어 줄 방법을 찾아가는 것이 필요합니다.

세상의 트렌드에 내 감각을 활짝 열어 둡시다. 세상에 감각을 여는 것은 나와 미래의 꿈 사이에 징검다리가 되어 줄 거예요. 이는 영어와 수학을 공부하는 일과는 정말 다르답니다. 단 하나의 정답이 있는 게 아니기 때문이지요.

그렇다면 그 징검다리는 어떻게 찾을 수 있을까요? 미래의 징검다리를 찾는 방법은 두 가지 특징으로 설명할 수 있습니다.

첫 번째 특징은 바로 ICT에 친숙해져야 한다는 것입니다. 우리가 살아야 할 미래에는 ICT라는 '언어'로 대화를 해야 합니다. 앞에서 인공 지능이 우리 생활 곳곳에 스며들 것이라고 말한 바 있습니다. 인공 지능, 빅 데이터 등은 아직 다소 생소한 용어이지만, 10년 전에 생소했던 스마트폰 용어들이 이제는 초등학생조차 쉽게 사용할 정도로 일반화된 것을 생각해 본다면, 인공 지능 등 차세대 기술이 일반화된 세상을 쉽게 상상할 수 있을 것입니다.

다소 어려울 수 있지만, 디지털 디바이드Digital divide, 정보 격차라는 표현이 있습니다. ICT 등 기술이 발전함에 따라서 우리의 삶은 무척이나 편리해진 것이 사실입니다. 하지만 그 이면에는 그러한 기술의 혜택을 받지 못하는 사람들이 있어서 사람들이 가진 정보에 서로 격차가 발생하곤 합니다. 이것이 디지털 디바이드로, 이로 인해 삶의 질에까지 영향을 미칠 수 있습니다.

미래에는 도시와 농어촌, 남녀노소 간의 차별만큼이나 ICT로 인한 정보와 그 활용에 격차가 발생할 가능성이 높습니다.

물론 누구나 ICT 전문가가 되어야 할 필요는 없습니다. 누구나 훌륭한 바이올린 연주자가 되어야 할 필요는 없는 것처럼 말이지요. 하지만 일단 연주회장에 들어가 있어야만 한다면, 훌륭한 연주를 감상할 수 있는 기본적인 능력은 갖춰야 할 것입니다. 앞으로의 세계는 ICT의 영향을 피할 수 없습니다. ICT에 대한 이해와 안목을 갖게 되는 것은 오히려 세상을 살아가는 데 정말 유용한 '마법의 열쇠'를 하나 쥐게 되는 것이랍니다.

두 번째 특징은 바로 세계 시민이 될 감각을 키워야 한다는 것입니다. IT는 인종이 중요하지 않고 국경이 없으며 나이조차 문제 되지 않습니다.

2017년 애플에서 개최하는 세계 개발자 회의WWDC에 82세의 일본 여성이 '세계 최고령 애플리케이션 개발자'로 소개된 적이 있어요. 당시 애플의 CEO인 팀 쿡Tim Cook이 직접 인터뷰를 하기도 한 이 여성은 일본의 와카미야 마사코랍니다.

와카미야 마사코는 40년을 은행에서 근무한 후 정년퇴직하며 60세부터 애플리케이션을 개발하는 법을 공부했습니다. '노인들도 즐길 수 있는 스마트폰 게임이 있었으면 좋겠다'라는 생각을 하게 됐고, 만들어 줄 사람이 없으니 스스로 만들어 보자고 마음먹었다고 하지요. 6개월간 코딩을 공부한 와기미야 마사코는 노인들을 위한 스마트폰 게임 애플리케이션 '하나단'을 출시했습니다.

여러분에게도 아이디어만 있다면 얼마든지 어엿한 글로벌 CEO로서의 감각을 키울 수 있습니다. 애플리케이션을 이용해 전 세계 사용자들이 남기는 댓글을 확인하며 서비스를 개선하는 법을 배우고, 상위에 랭크된 동일 카테고리의 애플리케이션을 이용해 보며, 좋은 점을 벤치마킹할 수 있을 것입니다.

다만, IT 실력과 창발적인 아이디어만 있다고 멋진 CEO가 될 감각을 갖출 수 있는 것은 아닙니다. 다른 문화에 대한 이해가 기본이 되어야 한다는 점이 가장 중요합니다. BTS, 블랙핑크, 드라마 〈킹덤〉 등 한국의 엔터테인먼트 산업은 세계의 호평을 받고 있습니다.

IT 덕분에 세계로 향하는 장벽은 낮아졌지만, 이제부터가 우리의 시험대입니다. 우리가 먼저 세계 친구들과 소통하기 위한 공부를 하지 않는다면, 기술로 인해 낮아진 장벽은 우리의 무지로 인해 다시 높아질 수 있기 때문입니다.

가능성이 열려 있다는 것은 기회이며, 아직 가 보지 않은 길을 선택해야 한다는 어려움이 그만큼 따릅니다. 이 미지의 열린 길에서 단 한 번의 인생을 살아야 하는 우리는 세상과 좀 더

친해져야 하지 않을까요? 골목길을 돌면 어떤 세상이 펼쳐질지 모르기에, 출발 전 인터넷에서 지도를 확인하고 드론으로 조명을 비추는 방법을 알아 두는 것이 필요하지 않을까요? 세상의 트렌드를 이해함으로써 미지의 세계에 밝은 등을 하나씩 켜 두는 노력이 여러분의 미래에 든든한 버팀목이 되어 줄 것입니다.

05

나만의 자유 학기제를
디자인하라

우리가 지금 미래를 여행하는 타임머신을 타고 있다고 상상해 봅시다. 아직 어떤 미래가 펼쳐질지 모르고 나 자신도 어떻게 변해 있을지 모르는 상황인 겁니다. 이제 타임머신이 멈추고 도착한 미래에 나를 던져 봅시다. 어떤 미래에 가고 싶은가요? 몇 살이 된 나와 마주하고 싶은가요? 아마 청소년기를 보내고 있는 여러분은 공부도 하지 않고 숙제도 시험도 없는 훌쩍 커버린 '어른의 나'를 상상하곤 하지 않나요?

TV에서나 보아 왔던 멋진 차와 커다란 집에서 가족과 행복하게 살고 있는 나를 만나고 싶을 수 있습니다. 또는 평소에 꿈꾸던 우주여행을 하고 있는 나, 아니면 아프리카 오지에서 의료 봉사를 하고 있는 나, 에메랄드빛 바닷가에서 유유자적 보트를 타거나 선탠을 하고 있는 나를 상상하는 것만으로도 기분이 좋아질 것입니다.

자, 이제 다시 현실로 돌아와 볼까요? 앗! 내일이 시험이라고요? 아니면 이미 성적표를 손에 쥐고 있다고요? 좌절은 금지예요. 우리는 오늘만 사는 하루살이가 아니잖아요. 유엔에서 발표한 인구 전망 자료에 따르면, 2000년 이후에 태어난 MZ세대(밀레니얼+Z세대)는 앞으로 평균 120세까지 살게 된다고 합니다. 오늘의 시험 성적으로 좌절하기엔 우리 인생이 무척이나 긴 여정이 될 거란 걸 깨닫게 됩니다.

다시 우리가 꿈꾸는 미래, 그것도 10년쯤 뒤인 20대 어른이 된 나를 상상해 봅시다. 아마도 갑자기 큰돈을 벌거나, 우주여행을 가거나, 태평양 섬 한가운데서 요트를 타는 나를 상상하는 건 좀 무리겠죠?

현재 큰 어려움 없이 상상할 수 있는 미래가 여러분의 20대일 겁니다. 지금과 비교해서 20대에 가장 크게 달라지는 한 가지가 있습니다. 바로 20대에 우리는 첫 직업을 만나게 됩니다. 학교를 졸업하고 사회생활을 처음으로 하게 되는 자신을 미릿속에 떠올려 보세요.

우리는 이 책의 첫 장을 넘기는 것으로 시작하여 아주 끈기 있게 여기까지 잘 도착했습니다. 세상이 변하고 있다는 것도, ICT를 통해서 하루가 다르게 첨단 기술이 소개되고 있다는 것도 알게 되었습니다.

하지만 학생인 여러분이 그런 지식을 알게 되었다고 하루아침에 달라지는 것이 있을지 스스로 의문이 들 시점입니다. 맞습니다. 알고 난 후 실천하는 다음 과정이 없다면 '정말로 무엇을 안다'라고 말하기 어려울 것입니다.

최근 유행한 '포켓몬 고'가 무엇인지 이론적으로 대충 아는 것과 실제로 자주 출몰하는 지역으로 여행을 가서 체험하며 부지런히 자신의 포켓몬을 키우는 것은 다른 차원의 이야기이니까요.

이렇게 게임에서조차 하는 법을 머리로 아는 것과 실제로 해보는 것은 그 흥분과 재미가 다르듯이 우리의 미래 직업을 찾아가는 여정을 머리로만 생각하는 것과 실제로 경험하고 실패도 해 보면서 나아가는 것은 완전히 다른 세계의 일이 될 것입니다. 자, 어떻게 경험하는 것이 좋을지 안내해 드리겠습니다.

Part 3에서 미래 직업이 어떻게 변화할 것인지 살펴보았습니다. 크게 지식, 기술, 예술, 더불어 사는 직업에 대하여 이야기를 나누었습니다. 아마 여러분도 그 내용을 접하면서 좀 더 관심이 가고, 좀 더 흥미롭게 읽어 내려간 분야가 있을 것입니다. 어떤 부분에서 눈동자가 밝게 빛났을까요? 의료? 미술? 환경을 생각하는 건축? 잠시 생각해 볼까요?

멋져 보이는 모든 직업을 다 체험하려고 스스로를 힘들게 할 필요는 없습니다. 우리는 우주에 하나뿐인 존재이니까요. 나만의 개성이 장점이 된다는 걸 떠올려 봅시다. 이제 어떤 체험이 내게 미래를 안내하는 지도가 될지 찾아가 볼까요?

미래 직업 찾기:
지도 그리기

지금부터 미래 직업 세계로 탐험을 떠나 봅시다. 다음의 질문에 하나씩 답을 해 나가다 보면 내가 좋아하는 일, 내가 살고 싶은 인생에 대해서 조금씩 알게 될 것입니다. 나에게 맞는 미래 직업 체험을 위한 지도를 스스로 만들 수 있답니다.

지식 중심 직업 세계의 체험

다음의 질문에 고개가 끄덕여지고 바로 내 얘기, 내 마음과 같다는 생각이 드나요?

• 새로운 것을 배우고 나누는 것이 즐거운가요?
• 아픈 사람 또는 동물을 돌보는 데 보람을 느끼고 관심이 있나요?
• 정의롭지 못한 일을 보면 마음이 아프고 적극적으로 해결해 주고 싶은가요?

그중에서도 사람이나 동물의 아픈 곳을 치료해 주고 나아가 건강하게 지내도록 보살피고 도와주는 일에서 보람을 느껴 본 적이 있다면, 의료 또는 보건 영역을 체험해 보는 것이 필요합니다. 단순히 호기심인지 아니면 정말로 평생의 직업으로 즐겁고 보람되게 일할 수 있는지 경험을 통해 판단할 수 있습니다.

의료·보건 분야에 관심이 있다면 생명의 중요성을 얼마나 실감하고 있는지, 어떤 고도의 지식과 의술이 필요한지 살펴보아야 합니다. 무엇보다 더 좋은 대안을 찾기 위해 끊임없이 공부하는 끈기가 있는지도 경험해 보아야 해요.

첫 번째 시도로 주변의 유기견 센터나 양로원, 보육원 등을 직접 찾아서 봉사를 하는 것은 아주 좋은 출발입니다. 일회성이니 짧은 시간 동안에 경험하기보다 한 학기, 1년 혹은 그 이상의 시간을 두고 정기적으로 방문해 직접 맞닥뜨려 보는 것이 중요합니다. 특히 이 과정에서 예상치 못했던 난관이나 불편함이 있다면 지도 선생님과 의논해 대처해 나가는 것도 소중한 체험이 된답니다. 강아지를 좋아하는 것과 강아지가 아파서 밤새 끙끙거리는 모습을 안쓰럽게 여기고 돌보는 것은 서로 다른 경험임에도 우리는 이를 종종 착각하기 때문입니다.

두 번째로 주변에서 자신의 롤 모델Role model을 찾아보세요. 롤 모델이란 '내가 닮고 싶은 본보기가 되는 대상'입니다. 의사나 수의사, 간호사, 학교 선생님 등 자신이 롤모델로 생각하는 사람을 찾아가 보세요. 그분과의 대화를 통해 일의 보람이 무엇인지, 어려운 점은 무엇인지 생생하게 듣는 것이 필요합니다.

이 과정에서 미래 여러분이 성장했을 때 그 분야에서 필요해질 능력들, 예를 들어 빅 데이터를 토대로 환자를 진료하는 데 요구되는 지식과 기술 등을 파악할 수 있습니다. 전문가들은 그 분야의 첨단 영역에 늘 관심을 기울이고 공부하는 이들이므로 미래를 전망하는 통찰력도 뛰어납니다.

세 번째로 생명을 다루는 직업일수록 끊임없이 공부하는 노력이 필요하다는 사실을 알아야 합니다. 두꺼운 법률 책에 실린 헌법·민법·형법 등의 조항을 외우고 새로운 판례가 나올 때마다 공부하는 법률가를 상상해 봅시다. 더구나 미래에는 인공 지능을 자유롭게 다루며 첨단 분야도 지속적으로 학습해야 하는 어려운 직업일 수 있습니다. 법률가는 한 사람의 운명에 영향을 미칠 수 있는 막중한 책임을 가진 직업이기도 합니다. 나의 적성과 관심, 자세가 새로운 정보와 많은 양의 공부를 지속적으로 즐겁게 받아들일 수 있는지 생각해 보는 것이 가장 중요합니다.

기술 중심 직업 세계의 체험

- 최첨단 로봇을 개발하거나 우주여행을 위한 우주선을 제작하는 꿈을 가져 본 적이 있나요?
- 때로는 복잡한 기계를 해체하고 원리를 분석하는 일로 시간 가는 줄 모르고 보낸 적이 있나요?

여러분, 장인 정신이라는 단어의 유래를 알고 있나요? 우리나라는 예로부터 자신의 직업에 전념하거나 한 가지 기술에 정통한 사람을 '장이'라고 불렀답니다. 우리 주변을 조금만 둘러보면 아무나 흉내 낼 수 없는 목공예 기술이나 혀를 내두를 만큼 맛있는 음식 솜씨, 자신만의 논조 등을 가진 '장이'를 볼 수 있습니다. 감탄을 자아내는 솜씨를 보유한 장이들의 철학을 담고 있는 장인 정신은 기술 중심의 직업을 가진 이들에게는 하나의 훈장처럼 여겨지기도 하죠. 그렇다면 여러분이 살아가게 될 21세기 중반에 진정한 의미의 장이가 되고, 장인 정신을 지니기 위해서는 어떤 노력들을 해야 할까요?

우선 장인들은 숙련 시간이 오래 걸린다는 것이 특징입니다. 특히 요즘과 같이 ICT가 발달한 시대에 기술 장인들은 때로는 어려운 공학을 이해하고 새로운 첨단 기술을 쉼 없이 익히는 데서 전문성을 키워 나가고 있습니다. 즉 이 분야에 관심이 있는 여러분은 꾸준히 노력하는 자세부터 길러야 합니다.

혹시 메디치 효과Medici Effect라는 단어를 들어 본 적이 있는지요? 메디치 효과란 다양한 생각과 상이한 분야가 만나서 완전히 새로운 것을 창조해 내는 현상을 의미해요. 앞에서 여러 번 말한 '융합'의 다른 이름이라고 할 수 있습니다.

일례로 예전에는 햄버거를 먹을 때 내용물이 빵 사이에서 삐져나오는 현상이 있었다고 해요. 이에 햄버거용 피클을 생산, 판매하는 회사인 블라식Vlasic의 한 직원은 차량용 타이어에서 아이디어를 얻었습니다. 타이어의 경우 노면 미끄러짐 방지를 위해 규칙적으로 홈을 파는데, 이를 피클에 그대로 적용하자 피클이 햄버거 사이에서 빠져나오는 일은 없었다고 하네요.

이 직원의 생각을 단순히 우연한 발견이라고 보는 게 맞을까요? 오히려 블라식 회사의 직원이 자신이 속한 분야에서의 문제를 다각도로 고민한 좋은 사례라고 할 수 있습니다. 자신이 직면한 문제를 해결하기 위해 다른 분야의 지식까지 융합해서 사용할 수 있는 지식과 지혜가 필요하다는 점을 드러내는 좋은 사례이지요. 여러분 안에 잠재된 끈기와 노력을 이끌어 낼 만큼 흥미로운 분야를 찾기 바랍니다.

둘째, 흔히 기술 영역 대가들의 성공에는 '자신만의 방식을 찾아야 한다'라는 교훈이 있습니다. 우리는 아직 어떤 분야의 전문가가 될지 모르는 탐험의 시간을 보내고 있습니다. 어떤 지식을 채워 나가야 할지 고민되는 것도 당연합니다. 이 고민의 시기에 우리가 할 수 있는 좋은 방법이 있습니다. 장인들이 한 것처럼 '나만의 세상 보기' 연습을 해 보는 것입니다. 이 연습을 통해서 10년 후 기술 분야의 직업을 가지게 될 경우, 자신만의 색깔을 넣을 수 있습니다.

예를 들어 보겠습니다. 방과 후 자주 찾는 분식집을 떠올려 보세요. 떡볶이와 더불어 오랫동안 사랑을 받아 온 어묵이 있지요? 이 평범한 어묵에 혁신을 가한 삼진어묵의 사례를 소개합니다. 어묵 종류가 고작 10여 가지인 삼진어묵은 천편일률적인 어묵 시장에서 다양한 시도를 하게 됩니다. 수많은 실험을 통해서 '어묵고로케'라는 새로운 메뉴를 개발했고, 결과는 대성공이었습니다. 하루 평균 1만 2,000개가 팔려 어묵고로케 하나만으로 하루 매출이 1,440만 원에 이르게 됩니다. 업계 2위였던 삼진어묵은 그 성과로 1위에 올라서게 되죠.

만약 삼진어묵이 어묵 제조 기술 노하우에 변화를 주지 않았다면 이러한 성공 스토리가 가능했을까요? '고흐' 하면 작품 〈해바라기〉가 떠오르는 것처럼, 기술 중심의 직업에서는 자신만의 마스터피스Masterpiece를 갖는 일이 중요합니다.

셋째, 자신이 종사하고 싶은 직업에 대한 가치관을 분명히 해야 합니다. 카카오의 김범수 창업자는 최근 인터뷰를 통해 자신의 직업에 대한 입장을 밝혔는데요. 요지는 이렇습니다. "열심히 공부해 좋은 대학 나오면 출세한다는 성공 방정식은 더는 유효하지 않다. '커서 뭐가 되고 싶으냐'가 아니라 '뭘 하고 싶으냐'로 질문을 바꿔야 한다"라고 말이죠. 어려운 말 같지만 명쾌한 말입니다. 또한 그는 "평생 직업 하나로 살아가는 시대가 끝나가고 있습니다. 즉, 이제는 직업이 아닌 업業의 시대인 것이지요." 넓은 의미에서 평생 하는 일을 찾아야 한다는 의미인데요.

예를 들어 예전에는 의사가 되고 싶다는 생각을 가지는 것이 일반적이었다면 이제는 '병을 치료하는 일'을 하고 싶다는 넓은 의미로 직업을 받아들여야 한다는 것입니다. 꼭 의사가 되지 않아도 아픈 사람을 돕는 길은 많으니까 말이죠. ICT의 발전으로 더욱 빨라진 변화의 흐름에 대응하려면 자신이 정확히 무엇을 하고 싶은지를 찾는 게 중요합니다.

이를 위해서는 다양한 체험을 할 필요가 있습니다. 한정된 시간에 많은 체험을 하려면 직업 전문 체험 기관을 방문하는 것도 하나의 방법이 될 수 있습니다. 분당에 위치한 잡월드의 경우 어린이와 청소년을 위한 직업 체험 시설을 갖추고 있는데요. 해당 시설을 방문함으로써 직업이 아닌 자신만의 업에 대한 가치관을 명확히 하는 일에 도움이 될 것입니다.

예술 중심 직업 세계의 체험

> 미술, 음악을 좋아하나요?
> 책상에 앉아 글을 읽는 것보다 그리고, 부르고, 움직이는 모든 활동을 할 때 자신도 모르게 웃음이 새어 나오나요?

직업을 선택할 때 자신이 좋아하는 분야에 종사하는 것만큼 큰 복은 없답니다. 예체능은 누구나 즐기는 분야이나 직업으로 선택했을 때는 많은 고충이 따르기도 합니다. 바흐나 모차르트, 고흐나 피카소처럼 개성을 지닌 기존의 예술가들과 차이점이 있으면서 대중의 마음도 훔쳐야 하니까요. 게다가 생전에도 천재라는 소리를 들으며 주목받았던 모차르트의 삶과 달리 가난 탓에 저렴한 물감만 사용해야 했던 고흐처럼 당시의 평가가 엇갈릴 수 있답니다. 그렇기 때문에 눈앞에 보이는 화려함은 잠시 거두어 내고 자신이 예술 중심의 직업 세계에 어울리는지 성찰이 필요한 것이죠.

그래서 첫 번째로 자신의 재능을 확인하는 과정을 거쳐야 합니다. TV 오디션 프로그램의 흥행은 지금까지 이어지고 있는데요. 초창기 프로그램인 〈슈퍼스타K〉, 〈K팝스타〉부터 최근 인기 걸그룹 IOI를 배출한 〈프로듀스101〉까지 말이죠. 경연에 참가한 지원자들의 사연도 다양합니다. 음악을 정말 사랑하는 소년부터 춤에 소질 있는 소녀까지. 하지만 가끔은 음악보다 다른 곳에 소질이 있어 보이는 친구들도 많이 보이죠. 경연에 참가하는 것은 자신의 재능을 검증해 볼 수 있는 좋은 무대라고 생각해요. 음악이나 그림 등은 보고 듣는 사람의 반응이 중요하기 때문입니다. 자신의 직업을 고르는 중요한 기점에서 진가를 확인해 볼 수 있는 과정을 거치는 일은 그래서 중요합니다.

둘째, 하고 싶은 일과 잘 하는 일을 구분할 줄 알아야 합니다. 연예인 에릭 남을 알고 계신가요? 에릭 남은 MBC에서 진행한 서바이벌 프로그램 〈위대한 탄생〉을 통해 데뷔했는데요. 보스턴 칼리지 출신의 '엄친아'로도 유명하답니다. 실제로 기업의 경영 상태에 대한 자문을 전달해 주는 글로벌 컨설턴트 회사에서 입사 제의도 받았던 것으로 알려졌는데 그 연봉이 무려 억 단위였다고 하네요. 당시 서바이벌 프로그램의 심사 위원들은 이 소식을 듣고 에릭 남에게 프로그램 출연을 만류하기도 했다고 합니다. 심사 위원들은 과연 어떤 마음이었을까요? 바로 하고 싶은 일과 잘하는 일에 대한 고민을 화두로 던졌을 것 같습니다. 여러분이라면 어떤 길을 택했을까요?

셋째, 분야별로 균형 잡힌 공부를 해야 합니다. 여러분 중에 음악과 미술에 종사하고자 하는 학생들 중 일부는 공부를 등한시하는 경우가 있어요. 예술만 해도 시간이 모자라는데 어떻게 공부까지 할 수 있느냐며 볼멘소리를 내면서 말이죠. 하지만 레오나르도 다빈치의 삶을 살펴보면 예술과 다른 분야의 균형 잡힌 공부가 필요한 까닭을 알 수 있습니다. 레오나르도 다빈치는

〈모나리자〉를 그린 천재 화가로 잘 알려져 있는데요. 미술뿐 아니라 해부학·건축학·지질학·식물학·물리학·천문학 등 다방면에 해박했다고 해요.

〈모나리자〉가 아름다운 이유도 그녀의 얼굴 속에 숨어 있는 '황금 비율(1 : 1.618)' 때문이라고 하니, 예술도 다른 지식에서 얻은 영감의 산물이라는 것을 확인할 수 있죠. 아마 레오나르도 다빈치에게 이 세상의 모든 지식은 예술적 깊이를 더해 준 거름이 되었을 겁니다.

더불어 사는 삶에 관심이 큰 직업 체험

> · 친구들과 더불어 사는 생활이나 활동에 관심이 높은가요?
> · 또는 친환경적 건축이나 에너지, 먹을거리를 가꾸는 일이 앞으로 우리 삶에 중요한 일이라고 생각하나요?

아마도 우리가 지금까지 알아 온 '환경'이라는 주제를 얘기한 것이라면 좀 따분하다고 생각할 친구들이 있을 겁니다. 길에 떨어진 휴지를 줍고 주변을 깨끗이 하는 일 정도를 떠올릴 테니까요. 또 더불어 사는 삶, 어려움에 빠진 이웃을 돕는 삶을 생각하면 멀리 오지에서 봉사하는 의사 선생님들을 떠올렸을 테고요. 그러나 Part 3에서 살펴본 바와 같이 과학 기술이 발전하면서 이제는 환경을 생각하고 이웃을 돕는다는 의미가 넓게 해석될 수 있다는 것을 알게 되었습니다. 예를 들어 첨단 의료 분야의 전문가는 전신 마비 환자에게 스스로 일어나 컵을 잡을 수 있는 의료 로봇을 제공해 주어 이전과는 완전히 다른 생활을 하도록 도울 수 있어요.

환경과 이웃을 생각하는 분야는 정말 다양해서 여기에 관심이 있는 여러분의 체험도 다양하게 진행할 수 있습니다. Part 3에서 소개한 환경을 생각하는 건축, 먹을거리, 에너지, 공생을 위한 다양한 활동은 체험과는 다소 관계가 없는 것처럼 보일 수 있습니다. 제어 계측, 전자 공학, 건축학, 생물학, 법률학 등 어려운 학문을 아직 접해 보지 못한 여러분에게 ICT가 적용된 첨단 환경 및 봉사를 체험하는 것은 난해하다고 생각할 수 있어요.

그렇다면 어떻게 우리 지구의 환경을 보존하고 자연과 어울려 사는 일을 미리 체험할 수 있을까요?

무엇보다 관심이 중요합니다. '아는 만큼 보인다'라는 말이 있듯이 관심이 있는 만큼 알고 싶어지기 때문입니다. 그래서 첫 번째로 할 일은 '관심 노트'를 작성하는 것입니다. 자연과 이웃 중 어떤 분야에 자신이 정말 흥미로워하고 계속 알아 가고 싶은지 파악하는 데 유용합니다. 주 1회 또는 한 달간 매일 작성하면서 자주 등장하는 호기심 영역을 그룹화해서 자신도 몰랐던 관심 영역을 찾아가는 것입니다.

물론 관심 노트를 작성하다 보면 관심 대상이 여러 번 바뀐다는 사실도 알 수 있습니다. 이 과정에서 환경을 아끼고 또는 어려움에 빠진 이웃을 돕는 마음이 자신에게 얼마만큼 중요하게 자리 잡고 있는지 가늠하게 되는 것만도 아주 큰 보람일 것입니다.

두 번째는 자신이 환경과 이웃과 더불어 사는 생활에 관심이 높다는 걸 확인한 후 실제로 체험하는 단계입니다. 세상에는 여러 형태의 봉사가 있지만 이 분야에 관심이 높은 여러분은 환경 보호 단체의 활동에 좀 더 관심이 클 것입니다. 산과 강을 보호하는 일뿐 아니라 친환경 소재로 집을 짓는 곳을 탐방하는 일 등 모두가 좋은 체험 활동이 되지요.

그렇다면 어떻게 이런 체험을 할 수 있을까요? 막연하게만 느껴질 수 있지만, 의외로 아주 쉽게 여러분의 일정에 맞춰 자원봉사를 체험할 수 있는 기회가 우리 주변에 많답니다. 인터넷에서 '청소년 자원봉사'라는 키워드만 입력해도 관련 정보들을 무수히 얻을 수 있습니다. 특히 자신이 살고 있는 지역의 봉사 단체와 그 밖의 다양한 활동을 연계해 주는 프로그램들을 찾을 수 있답니다.

세 번째는 각자가 '체험 마일리지'를 쌓아 보는 것입니다. 지금 여러분은 어쩌면 시간이 돈보다 귀한 시절을 보내고 있는지 모릅니다. 학교와 학원을 오가는 생활을 하고 있는데 시간을 내서 먼 미래의 꿈을 체험해 보는 것이 쉽지 않을 것입니다. 하지만 큰 욕심 없이 일주일에 1시간 또는 한 달에 5시간 정도를 자신의 꿈을 위해 투자해 보는 것은 어떨까요? 1시간을 1마일리지로 생각해 마일리지 쌓기 계획을 세워 보는 것입니다.

어떤 일이 나의 적성에 맞는지를 찾아가는 여정은 성인인 어른들에게도 힘들고 고달픈 일이랍니다. 어른들과 달리 여러분이 유리한 점은 실패해도 또다시 적성을 찾아 여정을 떠날 수 있는 기회가 많다는 것입니다. 마일리지 쌓기가 왜 중요할까요? 적어도 일정 시간의 경험이 필요하기 때문입니다.

자전거를 처음 배우던 때를 기억해 보세요. 자전거를 타기 전에 충분히 실명을 들었지만 여러 번 넘어지고 다시 일어나는 일정 시간이 지나야 제대로 자전거를 타는 즐거움을 느끼게 된 경험을 말입니다. 경험하고 실패하고 수정하는 데 걸리는 시간이 주는 지혜를 잊지 마세요.

'나만의 자유 학기제'가 주는 의미

지금까지 우리는 타임머신을 타고 미래를 다녀왔습니다. 어떤 미래가 펼쳐질지 몰라서 아무런 계획조차 세우지 않았던 처음과는 많이 달라진 기분일 것입니다.

더구나 여러분이 사회에 진출하는 10년 후쯤의 미래를 찾아간 이번 여정으로, 무엇을 준비해야 할지 어렴풋이 가늠하게 되었으리라 생각합니다.

요약해 보면 미래는 지금의 삶보다는 ICT가 더욱 발달된 세계라는 점이 분명해졌습니다. 인공 지능, 빅 데이터, 4차 산업혁명 등 지금은 어렵게만 느껴지는 단어들이 10년 후에는 지금의 인터넷, 스마트폰과 같이 일상적으로 사용될 것입니다. 요즘 인터넷을 사용하지 않으면 시대에 뒤떨어질 뿐 아니라 은행 업무나 쇼핑 등 많은 일에서 불편함을 겪지요? 미래에도 그와 마찬가지로 인공 지능, 빅 데이터 등의 분야를 모른다면 농업, 원예

10대가 알아야 할 미래 직업의 이동

뿐 아니라 건축·의료·법학·과학 등 모든 영역에서 자신의 꿈을 실현하기 어려울 것임을 쉽게 상상할 수 있게 되었습니다.

이러한 깨달음만으로도 충분히 의미가 있지만, 언제나 우리는 실천하고 경험하는 일이 얼마나 중요한지 배우고 느낍니다. 즉, 자신의 적성 분야를 앞에서 소개한 네 가지 영역에서 찾아보고 체험하는 자신만의 자유 학기제를 설계해 보는 과정을 빼놓을 수 없습니다. 이 과정에서 처음의 예상과 달리 좌절하고, 때로는 나의 적성이 무엇인지 혼란스러운 상황에 맞닥뜨릴 수 있답니다. 하지만 그때 우리가 할 일은 포기하는 것이 아니라 다시 도전하는 것입니다.

발명왕 에디슨이 남긴 수많은 어록 중 우리에게 정말 좋은 귀감이 되는 글이 있습니다.

"나는 실패하지 않았다. 나는 단지 효과가 없는 1만 가지 방법을 발견했을 뿐이다."

우리에게 에디슨만큼의 놀라운 집념이 필요하진 않습니다. 다만 한 번뿐인 우리 인생에서 가장 많은 시행착오가 허락된 시기가 청소년기임을 전하고 싶습니다. '시행착오가 권리인 시기'는 인생에서 지금뿐입니다. 아직은 지식도 경험도 부족한 나이이므로 여러 번의 실패와 도전이 허용되는 것이랍니다.

여러분! 자신의 권리를 포기하지 마세요. 한두 번의 실패에 좌절하지 마세요. 에디슨처럼 아직은 여러분의 적성이 아닌 몇 가지 분야를 발견했을 뿐입니다.

시간이 날 때마다 도전하세요. 때로는 시간을 내서 도전하세요. 여러분의 부모님, 선생님, 전문가분들의 도움을 받아서 100년의 삶을 잘 설계하기 바랍니다.

진짜 해 주고 싶은 말

이세돌 9단과 알파고의 바둑 대결로 세상이 시끌시끌했습니다. 승부를 떠나서 인간 능력에 대한 의문이 생기기 시작했지요. 이제는 기계와도 경쟁해야 하나 싶어서 허탈해지기도 합니다. 과연 여러분이 살아갈 미래는 어떤 세상일까요? 미래를 위해 무엇을 준비해야 할까요?

이 글을 읽는 여러분 중에는 '답도 없는 이런 문제는 생각하기도 싫어!' 하는 학생도 있을 겁니다. 그러나 세상을 살아가면서 정답이 있는 구조화된 문제들보다 판단을 요구하는 비구조화된 문제들에 부딪힐 때가 훨씬 많습니다. 그래서 항상 '왜'라는 질문을 던지고 '어떻게'라는 해결 방법을 생각해야 합니다.

세상의 변화는 '왜?'라는 질문을 던진 사람들이 이끌어 왔습니다. 뉴턴의 만유인력 법칙에 대해 들어 봤지요? 만약 농부라면 떨어진 사과를 보면서 아까워하고, 알뜰한 농부는 심지어 사과 잼을 만들었겠지요. 하지만 뉴턴은 사과를 보면서 '만유인력의 법칙'을 알아냈습니다. 뉴턴이 천재였기 때문에 가능한 일이었을까요? 아닙니다. 그것은 바로 그의 '왜'라는 호기심과 끈기가 만들어 낸 결과였습니다.

　전 세계 인구 중 비율로는 0.2%이지만 하버드 대학교 학생의 30%, 미국 억만장자의 40%, 노벨상 수상자의 30%를 배출한 민족이 있습니다. 유대인입니다. 세계를 움직이고 변화시키는 유대인의 힘은 어디에서 왔을까요? '왜?'라는 질문에 있습니다. 이는 평균 지능 지수로는 대한민국이 유대인을 능가하지만, 우리나라에는 과학 분야 노벨상 수상자가 아직도 없는 이유이기도 합니다. '왜'라는 질문은 정신분석학의 창시자 지그문트 프로이트, 영화감독 스티븐 스필버그, 과학자 아인슈타인, 철학자 스피노자, 작곡가 조지 거슈윈, 미래학자 앨빈 토플러, 구글의 공동 창업자 세르게이 브린과 래리 페이지, 페이스북 창업자 마크 저커버그, 인텔 창업자 앤디 그로브, 스타벅스의 최고경영자 하워드 슐츠, 초콜릿 전문 기업 허시의 밀튼 허시, 캘빈클라인의 설립자 캘빈 클라인 등 헤아릴 수 없이 많은 인물을 만들어 냈습니다.

'왜 자기 탐색을 해야 하는가?', '왜 공부를 해야 하는가?'라는 질문을 던져 보기 바랍니다. 조선 정조 때의 문장가 유한준이 쓴 문장 중에 "알면 참으로 사랑하게 되고, 사랑하면 참으로 보게 되고, 볼 줄 알면 모으게 되니 그것은 한갓 모으는 것은 아니다"라고 쓴 구절이 있습니다. '아는 만큼 보인다'라는 말입니다. 끊임없는 자기 탐색과 공부로 자신을 사랑하고 세상을 아름답게 볼 수 있는 사람이 되기를 바랍니다.

세상은 변하지만, '변하지 않는 법칙'에 의해서 변한다고 합니다. 좀 어렵나요? 역으로 해석하면 '변하지 않는 기본에 충실한다면, 세상이 아무리 변해도 우리는 충분히 적응할 수 있다'라고 생각할 수 있겠네요. 변하지 않는 기본이란 무엇일까요? 바로 자기 탐색과 공부라고 생각합니다. 이것은 우리가 평생 해야 할 일이기도 합니다. 여러분의 꿈과 끼를 찾기 위한 첫걸음은 자기 탐색이며, 자기 탐색은 많은 직접 경험·간접 경험을 통해 가능하다고 봅니다. 변화하는 세상을 읽을 수 있는 공부를 해야 합니다. 여러분의 매일이 내일을 준비하는 공부라는 사실을 잊지 말기 바랍니다.

가나다순

가상 현실VR: Virtual Reality

특정한 환경이나 상황을 컴퓨터로 구현해서 그것을 이용하는 사람이 마치 실제의 상황·환경과 상호 작용을 하고 있는 것처럼 만드는 인간과 컴퓨터 간의 인터페이스를 말한다.

고객 관계 분석CRM: Customer Relationship Management

기업이 고객과 관련된 내·외부 자료를 분석하고 통합해 고객 중심의 자원을 극대화하고, 이를 토대로 고객의 특성에 맞게 마케팅 활동을 계획·지원·평가하는 과정이다.

고든 무어Gordon Moore

인텔의 공동 창립자이자 명예 회장이다. 1965년 4월 19일 〈일렉트로닉스 매거진Electronics Magazine〉에 '무어의 법칙'을 발표했다.

그린 에너지Green Energy

공해가 없는 에너지로 '녹색 에너지', '청정 에너지', '대체 에너지'라고도 부른다. 지구 환경 오염의 원인이 되는 석유·석탄 등의 화석 연료와 달리 공해 물질을 배출하지 않는 태양열·지열·풍수력·조력·파력 등의 자연 에너지와 수소 에너지, 바이오매스 등이 그린 에너지에 해당한다.

나노 공학 기술자

나노미터nm, 1미터의 10억 분의 1 단위의 조작을 통해 기존의 전자·바이오·소재·장비·기기에 나노 기술을 적용하는 직업이다.

녹색 건축

건물의 자원인 에너지·물·자재 등의 효율성을 높이는 건축 형태다.

이를 통해 주민의 건강을 보호하고 종업원의 생산성을 향상시키며, 폐기물과 공해, 환경적인 퇴보를 줄이는 효과가 있다.

닉 부이치치 Nick Vujicic

〈뉴욕타임스〉 선정 베스트셀러 작가이자 세계 각국을 돌며 강연하는 복음 전도자. 장애를 극복하고 꿈을 이루는 그의 긍정적인 삶의 태도는 많은 사람과 미디어의 이목을 집중시키며 희망의 메시지를 전하고 있다.

도냐 퀵 Donya Quick

미국 예일 대학교의 컴퓨터 공학 박사. 작곡하는 로봇 쿨리타 Kulitta를 개발했다.

드론 Drone

사람이 타지 않고 무선 전파를 이용해 비행하는 무인기로, 비행기 형태나 헬리콥터 등이 있다. 처음에는 군사적 목적을 위해 개발되었으나 최근에는 글로벌 IT 기업들의 관심을 받으며 각종 서비스 또는 인터넷 보급에 사용할 수 있는 첨단 기술로 변모하고 있다.

레이 커즈와일 Ray Kurzwekil

미래학자이자 컴퓨터 과학자. 미국의 경제 일간지 〈월스트리트 저널 Wall Street Journal〉로부터 "끝없이 새로운 것을 만들어 내는 천재 발명가"라는 찬사를 받았다.

마이클 오스본 Michael Osborne

영국 옥스퍼드 대학교의 교수로, 사회적 요구에 부합하는 인공 지능 개발 전문가다.

마크 저커버그 Mark Zuckerberg

미국의 기업가로, 페이스북의 공동 설립자이자 회장 겸 CEO다. 하버드 대학교 재학 중 같은 학교 친구인 더스틴 모스코비츠, 에두아르도 세버린, 크리스 휴스와 함께 페이스북을 설립했다.

말콤 글래드웰 Malcolm Gladwell

캐나다의 저널리스트이자 작가·강연가. 잡지 〈더 뉴요커The New Yorker〉에서 정식 작가로 활동하고 있다.

모듈화Module

주로 자동차나 선박 등의 조립 공정에서 개별 단품들을 차체에 직접 장착하지 않고, 몇 개의 관련된 부품들을 하나의 덩어리로 생산해 장착하는 기술 방식이다.

바이오매스Biomass

어느 시점에 임의의 공간 내에 존재하는 특정 생물체의 양을 중량 또는 에너지의 양으로 나타낸 것. '생물량', '생물체량'이라고도 한다. 지구상에서 1년간 생산되는 바이오매스는 석유의 전체 매장량과 맞먹어 적절하게 이용하면 고갈될 염려가 없다는 이점이 있다.

바이오프린팅Bioprinting

바이오프린팅은 3D 프린팅 기술을 활용하여 3D 프린터로 인공 장기를 출력하는 것을 의미한다.

빅 데이터 Big Data

디지털 환경에서 생성되는 데이터로 그 규모가 방대하고, 생성 주기가 짧으며, 형태상으로는 수치 데이터뿐 아니라 문자와 영상 데이터를 포함하는 대규모 데이터를 말한다. 과거에 비해 데이터의 양이 폭증하고 종류도 다양해져, 빅 데이터 환경에서 사람들의 행동은 물론 위치 정보와 소셜 네트워크 서비스를 통해 생각과 의견까지 분석하고 예측할 수 있다.

빌 게이츠 Bill Gates

미국의 기업가. 폴 앨런과 함께 최초의 소형 컴퓨터용 프로그램 언어인 베이직BASIC을 개발했으며 컴퓨터 소프트웨어 업체인 마이크로소프트Microsoft를 설립했다. 퍼스널 컴퓨터의 운영 체제 프로그램인 윈도즈Windows 시리즈를 출시해 획기적인 판매 실적을 올렸다.

사물 인터넷 IoT: Internet of Things

단어의 뜻 그대로 '사물들Things이 서로 연결된Internet 것' 혹은 '사물들로 구성된 인터넷'을 말한다. 즉 세상에 존재하는 유형 혹은 무형의 객체들이 다양한 방식으로 서로 연결되어 개별 객체들이 제공하지 못했던 새로운 서비스를 제공하는 것을 말한다. 기존의 인터넷이 컴퓨터 또는 무선 인터넷이 가능한 휴대전화가 서로 연결되어 구성되던 것과 달리 사물 인터넷은 책상·자동차·가방·나무·반려 동물 등 세상에 존재하는 모든 사물이 연결되어 구성된 인터넷이라 할 수 있다.

손정의

일본 최대의 소프트웨어 유통 회사이자 IT 투자 기업인 소프트뱅크 SoftBank를 설립한 후 세계적인 인터넷 재벌로 떠오른 재일 교포 3세다.

스마트 그리드 Smart Grid

스마트와 그리드의 합성어이며 말 그대로 '지능형 전력망'을 뜻하는 차세대 에너지 기술이다. 기존의 전력망에 정보 통신 기술을 접목해 에너지 네트워크와 통신 네트워크가 합쳐진 것으로, 전력 공급자와 소비자가 전기 사용 관련 정보를 실시간으로 주고받음으로써 에너지 사용을 최적화할 수 있다.

스마트 에너지 Smart Energy

기존의 에너지 생산 및 공급 방식에 정보 통신 기술을 적용하여 효율을 높이는 기술이다.

스티브 워즈니악 Steve Wozniak

미국 출신의 컴퓨터 엔지니어. 스티브 잡스 Steve Jobs와 함께 애플컴퓨터를 설립했다. 이후 애플 II, 매킨토시 등 초기 애플 컴퓨터의 제품을 설계했고 최초로 마우스를 개발해 컴퓨터에 적용했다.

3D 프린팅3D Printing

기존의 프린터가 평면의 얇은 종이에 글씨나 그림을 새겨 넣는 것과 달리, 프린트하려는 대상의 3D 모델링 또는 3D 스캐너를 통해 얻은 데이터를 액체·분말·종이 등의 재료를 사용해 한 층씩 적재해 입체로 출력하는 기술이다.

알파고AlphaGo

구글의 자회사인 구글 딥마인드Google DeepMind가 개발한 인공 지능 프로그램이다. 2016년 3월 9일부터 3월 15일까지 총 5회에 걸쳐 이세돌 9단과 세기의 바둑 대결을 펼쳐 화제를 모았다.

앨빈 토플러Alvin Toffler

미국의 대표적인 미래학자로, 《제3의 물결》, 《권력 이동》, 《부의 미래》 등 10여 권이 넘는 미래학 관련 저서를 집필했다. 특히 1980년 출간된 《제3의 물결》은 정보화 시대를 예견한 최초의 도서로 손꼽힌다.

에릭 에릭슨Erik Erikson

미국의 발달 심리학자이자 정신분석학자. 인간의 사회성 발달 이론으로 잘 알려져 있으며, 자아 정체감 위기Identity Crisis라는 용어를 만들어냈다.

울산과학 기술원UNIST

우리나라 최초의 법인화 국립 대학으로 출발해 과학 기술원으로 전환된 정부 출연의 연구 기관이다. 과학 기술 분야에 특화된 연구 중심 대학교로 국가의 과학 기술 발전에 이바지하고 있다.

인공 지능Artificial Intelligence, AI

인간의 지능으로 할 수 있는 사고, 학습, 자기 계발 등을 컴퓨터가 할 수 있게 연구하는 컴퓨터 공학 및 정보 기술의 한 분야로, 컴퓨터가 인간의 지능적인 행동을 모방할 수 있도록 한다.

10대가 알아야 할 미래 직업의 이동

인구 절벽

미국의 저명한 경제학자 해리 덴트가 저서 《2018 인구 절벽이 온다》에서 제시한 개념으로, 생산 가능 인구(15~64세)의 비율이 급속도로 줄어드는 현상을 말한다.

인프라 Infrastructure

항만·도로·철도·전기·가스·공중보건에 필요한 시설과 설비 등 특정 제품을 생산하는 데 직접 사용되지는 않지만 생산 활동에 직·간접적으로 도움을 주는 기반 시설을 말한다.

일론 머스크 Elon Musk

미국의 기업인으로 온라인 결제 서비스 페이팔 PayPal의 전신인 엑스닷컴 X.COM, 로켓 제조 회사 스페이스엑스 Space X, 전기 자동차 회사 테슬라 모터스 Tesla Motors 등을 설립했다. 현재 테슬라 모터스와 스페이스엑스의 CEO이며, 태양광 에너지 업체 솔라시티 SolarCity의 회장이다.

자율 주행 자동차

운전자가 브레이크, 핸들, 가속 페달 등을 제어하지 않아도 도로의 상황을 파악해 자동으로 주행하는 자동차.

정상 참작

재판관이 범죄의 사정을 헤아려서 형벌을 가볍게 하는 것을 말한다.

제러미 리프킨 Jeremy Rifkin

미국의 세계적인 경제학자. 기계적 세계관에 근거한 현대 문명과 에너지 낭비를 경고한 《엔트로피》, 《노동의 종말》, 《수소 혁명》 등의 저서가 있다.

제로 에너지 하우스

Zero Energy House

에너지 소비의 많은 부분을 차지하는 건물, 특히 주택 분야에서 에너지 소비와 탄소 배출을 줄일 수 있는 새로운 주택 형태다. '에너지 자립형 주택'이라고도 불린다.

제리 카플란Jerry Kaplan

인공 지능학자로, 스탠퍼드 대학교의 법정보학센터에서 컴퓨터 공학 및 인공 지능의 영향과 윤리에 대해 가르치고 있다. 인공 지능 기술이 불러올 변화를 예측하고 대응 방안을 고려해 《인간은 필요 없다》 등의 도서를 집필했다.

제프 베조스Jeff Bezos

미국의 기업가이며 투자자로, 인터넷 종합 쇼핑몰 아마존의 설립자이자 CEO다. 처음에는 인터넷 상거래를 통해 도서를 판매했으며, 이후 판매 상품을 다양한 영역으로 넓혔다.

제프리 삭스Jeffrey Sachs

미국의 컬럼비아 대학교 교수로, 국제 금융, 거시 경제 정책과 관련해 탁월한 연구 업적을 보여 세계적 명성을 얻고 있는 경제학자다.

지멘스Siemens

독일의 세계적인 전기 전자 기업이자 유럽에서 가장 규모가 큰 엔지니어링 회사다. 산업재, 에너지, 헬스 케어, 운송 분야에서 현재 200여 개국에서 약 38만 명의 직원이 일하고 있으며 여러 자회사를 두고 있다.

찰스 핸디Charles Handy

전 세계에서 가장 영향력 있는 매니지먼트 사상가. 피터 드러커, 톰 피터스 등과 함께 '세계를 움직이는 사상가 50인'에 올라 있다.

토머스 칼라일Thomas Carlyle

영국의 철학자이자 역사가. 독일 고전 철학과 반동적인 낭만주의의 영향을 받아, 우주는 신적 정신의 의상衣裳이고 이 정신은 자연과 인간 역사 속에서 영웅으로 나타난다는 범신론의 입장을 취했다.

퓨디파이PewDiePie

유튜브의 유명 게임 리뷰 채널의 이름이자 운영자의 닉네임. 본명은

펠릭스 아르비드 울프 셸버그 Felix Arvid Ulf Kjellberg. 주로 공포 게임과 액션 게임을 다루는데, 유튜브에서 가장 빠르게 성장하고 있는 채널 중 하나다. 2013년 8월 16일부터 유튜브 구독자 수 1위를 차지하고 있다.

피타고라스Pythagoras
그리스의 종교가·철학자·수학자. 만물의 근원을 수數로 보았으며, 수학에 기여한 공적이 매우 커 플라톤, 유클리드를 거쳐 근대에까지 영향을 미쳤다.

피터 드러커 Peter Drucker
미국의 경영학자. 현대 경영학을 창시한 학자로 평가받으며 경제적 재원을 잘 활용하고 관리하면 인간 생활을 향상시키고 사회 발전을 이룰 수 있다고 생각했다. 이러한 신념을 바탕으로 한 경영 관리 방법을 체계화히어 현대 경영학을 확립했다.

한스 모라벡 Hans Moravec
미국 카네기 멜론 대학교의 로봇 공학과 직원이다. 로봇 공학과 인공 지능에 대한 연구 및 그 영향력에 대한 글로 잘 알려졌다. 과학 기술의 힘을 빌려 인간의 능력을 무한히 계발한다는 트랜스휴머니즘Transhumanism과 관련해 미래를 예측하고 저술했다.

해리 덴트 Harry Dent
경제 예측 연구소인 HS덴트의 설립자이자 최고경영자. 인구 구조, 그에 따른 소비 성향의 변화를 토대로 한 경제 전망 및 투자 전략에서 최고 권위자로 꼽힌다.

헬렌 켈러 Helen Keller
미국의 작가·교육자·사회주의 운동가. 인문계 학사를 받은 최초의 시각·청각 중복 장애인이다. 장애로 인한 언어적 문제를 앤 설리번 선생과 자신의 노력으로 극복한 유년 시절을 다룬 영화 〈미라클 워커

The Miracle Worker〉를 통해 그녀의 이 야기가 전 세계적으로 알려졌다.

헬스 케어 Health Care

넓은 의미에서는 기존의 치료 부문 의료 서비스에 질병 예방 및 관리 개념을 합친 전반적인 건강 관리 사업을 일컫는다. 좁은 의미의 헬스 케어는 원격 검진이나 방문 건강 컨설팅 등의 사업을 지칭한다.

휴머노이드 Humanoid

머리·몸통·팔다리 등 인간의 신체와 유사한 형태를 지닌 로봇을 뜻하는 말로, 인간의 행동을 가장 잘 모방할 수 있는 로봇이다. '인간형 로봇'이라고도 한다.

10대가 알아야 할
미래 직업의 이동
전면 개정판

1판 1쇄 발행 | 2016년 11월 11일
2판 1쇄 발행 | 2020년 10월 15일
2판 7쇄 발행 | 2023년 6월 20일

지은이 박종서, 신지나, 민준홍
도움 주신 분 김영미(동대전중학교 교사)
펴낸이 김기옥

경제경영팀장 모민원 기획 편집 변호이, 박지선
커뮤니케이션 플래너 박진모
경영지원 고광현, 임민진
제작 김형식

디자인 푸른나무디자인
인쇄·제본 민언프린텍

펴낸곳 한스미디어(한즈미디어(주))
주소 121-839 서울특별시 마포구 양화로 11길 13(서교동, 강원빌딩 5층)
전화 02-707-0337 | 팩스 02-707-0198 | 홈페이지 www.hansmedia.com
출판신고번호 제 313-2003-227호 | 신고일자 2003년 6월 25일

ISBN 979-11-6007-531-1   43500